A mi familia por aguantarme.

LA GUERRA MUNDIAL DE LA ECONOMIA DIGITAL

DINERO AL LÍMITE DE LA LEY

SERGIO GARCIA GOMEZ

EMAIL:

guerraeconomicadigital@gmail.com

1. INTRODUCCCIÓN. 6

PARTE I:

2. ECONOMÍA EN LA GUERRA DIGITAL 16

   2.1. EVASION/ELUSION DE IMPUESTOS.
       2.1.1. COMO ELUDEN IMPUESTOS LAS EMPRESAS
....21
       2.1.2. COMO ELUDEN IMPUESTOS LAS PERSONAS FISICAS
....27
       2.1.3. VATICANO OFFSHORE 31

   2.2. NEGOCIOS EN LA GUERRA DIGITAL 34

       2.2.1. VENTAJAS DE TENER UNA SOCIEDAD OFFSHORE..34
       2.2.2. ¿QUÉ ES UN HYIP? 36
       2.2.3. OPCIONES BINARIAS 40
       2.2.4. MULTINIVELES. 45
       2.2.5. EL MAYOR FRAUDE DE LA HISTORIA 60
       2.2.6. JUEGO DE APUESTAS ONLINE 61
       2.2.7. SISTEMAS DE AFILIADOS 65
       2.2.8. WEBS DE CONTACTOS 67

PARTE II:

3. INTERNET EN LA GUERRA DIGITAL 72

   3.1. PRIVACIDAD CERO, EL GRAN HERMANO MUNDIAL: CARNIVORE, ECHELON, PRISM, XKEYSCORE E ICREACH..73

   3.2. DEEP WEB 80
       3.2.1. TOR. 82

3.2.2. SILK ROAD 84
3.2.3. LA HIDDEN WIKI 86

3.3. CRIPTOMONEDAS 88
   3.3.1 INTRODUCCION 88
   3.3.2. BITCOIN 88
   3.3.2. COINSPACE 89

3.4. HACKERS 94

   3.4.1. ANONYMOUS 97
   3.4.2. LA NSA 97
   3.4.3. HACKING TEAM 101
   3.4.4. EL ROBO DE BANGLADESH. 109

3.5. SITIOS DE DESCARGAS ¿LEGALES O ILEGALES? 112
   3.5.1. P2P, EL CONCEPTO 114
   3.5.2. TORRENTS 116
   3.5.3. MEGAUPLOAD 118
   3.5.4. PIRATE BAY 121

3.6. WIKILEAKS 124

4. PLAN DE ACCION PARA VENCER EN ESTA GUERRA 128

   4.1 DISCRECCION (ANONIMATO EXTREMO) 129

   4.2 DESAPARICION 135

   4.3 ACCIONES Y DECISIONES 136

   4.4 EL BIG BANG 142

INTRODUCCIÓN

Estamos en guerra, y usted no lo sabe o no lo percibe. Las balas son clics de ratón y las granadas son *exploits (programas maliciosos)* en su ordenador o smartphone. Cualquiera puede ser la víctima, inocentes en la comodidad de su salón mientras leen este libro, o culpables en un rincón intentando hackear cualquier web, email o Smartphone. Es cierto, usted tiene un Smartphone, probablemente sin protección, el último modelo de turno, bravo por usted, ya es una víctima.

Este libro no es un manual sobre como "limpiar" de virus su ordenador, Tablet, portátil o Smartphone, para eso hay muchos tutoriales en internet, y casi todos erróneos. Tampoco es un libro sobre técnicas de hackeo, ni siquiera sobre informática, es un libro para abrirle los ojos, para enseñarle donde vive realmente, el resto del camino lo tendrá que andar usted solo, yo solo le quitaré los ruedines a su bicicleta, y tendrá que caerse varias veces hasta que aprenda a andar sobre dos ruedas.

Como sabe, internet ha cambiado el mundo, hemos pasado de una era analógica a una digital, y esta nueva era es fascinante. La era digital está revolucionando nuestra forma de pensar y actuar, condiciona nuestros actos optimizando nuestro tiempo, reduce a pocos movimientos de ratón lo que antes eran horas de búsqueda, puede protestar sobre algo en su red social, comprar, hasta quedar con alguien para follar, ...pero todo esto tiene un coste para usted, un coste alto ya que nada es gratis, su vida privada.

Su vida privada es el precio que pagará por tener un servicio como internet, un servicio en el que puede llegar a ser rico, o arruinarle, un servicio que le pondrá las cosas muy fáciles para hacer lo que hoy le resulta complicadísimo, como montar una compañía en un paraíso fiscal por ejemplo. Pero ojo, este servicio tiene ojos y oídos, nada de lo que haga en su teclado pasará desapercibido, sobre todo si monta una compañía en un paraíso fiscal.

Yo le enseñaré la pastilla roja de Matrix, la entrada a la madriguera de conejo como dicen el film, y usted es quien decidirá si atravesarla o no. Le mostraré los guardianes de la madriguera, quien le acompañará, y sobre todo que puede hacer una vez que la atraviese porque las posibilidades, como verá, son muchas y variadas, eso sí, tenga en cuenta que una vez dentro es un camino de difícil retorno y tendrá que sacrificar algunas cosas de la vida que llevaba dentro de los cauces de la Ley.

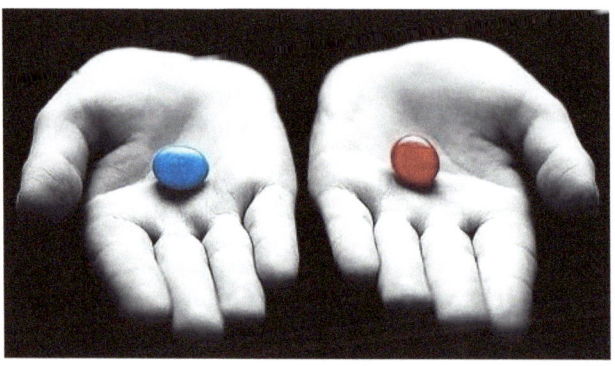

Pastilla a elegir: roja o azul Película "Matrix".

¿Quiere sentirse libre en todos los aspectos de su vida? ¿Sentir que nadie espía su vida privada?, ¿Sentir que es eso de tener dinero y poder?, ¿Sentir que de repente está por encima de muchas cosas mundanas? Porque en la vida llega un momento en el que hay que escoger, o transita por el camino perfectamente marcado de un trabajo remunerado cuyo fin ya sabe cuál es, en el mejor de los casos una jubilación mediocre junto a su fiel pareja sin haber hecho otra cosa que trabajar hasta el ocaso de sus días, o se embarca en un proyecto vertiginoso cuyo fin es incierto y a la misma vez excitante.

Este libro pretende enseñarle a comprender la realidad que le rodea en todos los aspectos, personal, financieramente,... y además pretende abrir sus ojos ante algo que ignora, que <u>NO ES LIBRE</u>... y para eso nada mejor que saber quién trata de vigilarle. Cuando comprenda y asuma esta gran verdad tendrá la ventaja necesaria para conseguir el vehículo más rápido que existe en lograr la verdadera libertad; el dinero.

El dinero es un medio para lograr un propósito mejor, no el fin, por eso no debe perseguirlo, éste llegará a usted como un proceso lógico a su inteligencia. Después, solo usted decidirá qué hará con el dinero que gane, pero déjeme decirle que la mayoría de los millonarios del mundo no se lo dan al Estado en forma de impuestos. Los impuestos son una bola de cadena de la que usted podrá liberarse gracias a los Estados Offshore y al auge de las nuevas tecnologías como Internet. Hoy más que nunca es más fácil ser libre si se quiere, solo tiene que ponerse manos a la obra.

Otra cosa importante, la mayoría de personas que toman la pastilla roja lo hacen desconociendo los rastros que dejan en la red, creen que son libres en la falsa seguridad de las habitaciones de su hogar, esa es la auténtica razón de sus fracasos, a pesar de ser conscientes que son esclavos del sistema y que luchan por escapar de lo que Robert Kiyosaki denomina "la carrera de la rata". Muchas personas desistirán de su intento de ser auténticamente libres, otras en cambio, lucharán una y otra vez hasta que logren alcanzar un pequeño éxito, porque basta con eso, un éxito, y desde ese momento comenzarán a tener una visión diferente del mundo.

************   ***********   *****

Los tropiezos empresariales son una probabilidad muy alta, no todo el mundo puede ser empresario, así que si cree que ya ha fracasado demasiado, replantéeselo, usted no puede ser empresario, pero si no lo ha intentado nunca porque los miedos le paralizan (la crisis, la familia, la ignorancia en ciertos temas, ..) y desea escapar de la mediocridad de su puesto laboral este libro le vendrá bien. Y le vendrá bien porque le quitará algunas vendas en los ojos sobre las leyes de la economía e internet, o al menos le mostrará otras vías de emprendimiento muy distintas de las habituales.

Gracias a internet cualquiera puede constituir su propia sociedad Offshore de una manera fácil y rápida, y sobre todo de una manera discreta, casi 100% anónima. Le digo esto porque, para escapar de su actual estado de hibernación ha de conocer previamente quien controla todo este maremágnum digital, debe saber quién está al otro lado de su pantalla de ordenador, y más importante aún que hará una vez despierte y se aventure a comerse de veras el mundo. Y sobre todo, le aconsejo que tenga una mentalidad ganadora y ambiciosa, NO SE AUTOLIMITE, es decir, su mente y su futura empresa no deben tener fronteras, piense en grande. Lo que los economistas llaman negocios escalables, es decir, que pueda crecer fácilmente y sin límites a priori.

En España, la crisis ha servido de colchón para ejecutar, además de los consabidos recortes económicos, unos años de recortes de las libertades del individuo y de recortes de derechos civiles y laborales. Pero no se preocupe, ya ha dado el primer paso, tiene en sus manos la obra que le ayudará a escapar de toda esta basura. Tras muchos meses de investigación por fin sabrá cómo trepar a la sociedad de los más listos, esos que se quedan con todo y se jactan de ello. Si usted también cree que es un esclavo de este sistema, le daré muchas claves para que pueda escapar, de momento ya ha dado un primer paso importante; está leyendo esto.

************ *********** *********

Para llegar a descubrir todo lo que van a ver, he tomado algunas medidas; navego en internet a través de un VPN (Virtual Protocol Network) que enmascara mi ip, éste se encuentra instalado dentro de un Virtual box (para para ocultar mi sistema operativo), además mi antivirus funciona perfectamente al igual que mi anti espías, realizo las búsquedas a través de Duck Duck, https://duckduckgo.com/ con un Antiroot activo (para evitar la copia de pulsaciones de mi teclado).... Y aun así todavía me siento vulnerable, rastreable, localizable. De hecho es así, pero me consuela pensar que de alguna manera intento defender mi vida personal, privada.

Tengo esa misma sensación cuando escribo en mi email, cuando compro y vendo acciones a través de mi broker, cuando enciendo mi teléfono móvil e incluso cuando veo la televisión. He vendido mi privacidad a coste cero, se la he regalado a esas grandes corporaciones solo por permitirme ser parte implicada de la sociedad, cuando además, ya lo era previamente.

He de reconocer que a medida que avanzaba en esta pequeña investigación me volvía más y más paranoico con mi privacidad online, y algo de esa paranoia ha quedado tatuada para siempre, es inevitable supongo. Es el precio de saber, de conocer un trozo pequeñito de la verdad, que he resumido en este libro. Me viene a la mente el film "Matrix" el traidor Cifra le dijo al programa Smith "-Sé que este trozo de carne roja no existe, es "Matrix" la que le dice a mi mente, *es bueno, es jugoso,...* después de estos años al fin he comprendido que **la ignorancia es la felicidad**".

Cifra, en plena disertación sobre la no existencia de un trozo de carne.

Así que supongo que este escrito en el que invierto mi tiempo caerá en saco roto, no me importa, vivimos en una sociedad en la que la mayoría de la sociedad se mueve feliz con cierto nivel de ignorancia y prefieren seguir así.

Lo que tienen en sus manos es información no clasificada, está al alcance de cualquiera con internet, y soy consciente que me he quedado muy en la superficie y a pesar todo cuán importante es saber todo lo que están a punto de descubrir. Se trata de un inframundo gigantesco, en el que el afán de lucro y el anonimato van cogidos de la mano. Una internet oculta, una economía opaca, unas leyes hechas a medida del dinero, eso que todo el mundo sabe que está ahí porque lo intuye, pero que pocas veces tiene la oportunidad de conocer. Unas reglas para osados en una "jungla de los listos" como diría Miguel Ángel Revilla, Presidente de Cantabria, esos que siempre ganan porque conocen las reglas del juego mejor que nadie y por supuesto para ellos son la gloria del dinero y del poder. Una vez, un amigo me dijo que hablar sobre el tema del dinero le parecía frívolo, si cree lo mismo cierre el libro, devuélvalo a la librería, que le reembolsen lo que se ha gastado, no obstante, si se lo ha descargado ilegalmente haga lo que quiera, pero aquí se va a hablar de dinero, y mucho. No existe un tema en el que a mi juicio existan más ignorantes, a pesar de su importancia vital y de uso cotidiano seguimos sin aprender su funcionamiento, su origen, evolución, y por donde moverlo. Nuestro analfabetismo monetario es insultante, peros si quiere empezar saber de dinero de forma muy fácil lean a Robert Kiyosaki y su famoso "Padre rico, padre Pobre".

En este enlace se puede descargar gratis, no se lo digan a nadie:

https://vk.com/doc-36476616_72095621?dl=d28a14663753056e9d

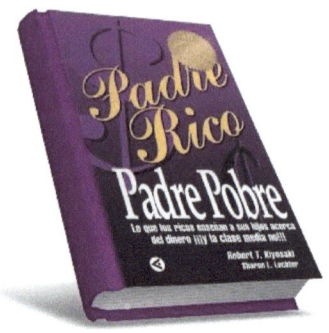

Uno de los libros más influyentes que he leído jamás, tras "el inversor Inteligente" de Benjamín Graham.

No obstante no deja de ser un comienzo, yo voy a presuponer que Vd. Ya dispone de algunos conocimientos básicos de Economía y Nuevas Tecnologías Digitales, si no es así, le recomiendo que busque en internet los términos que no entienda.

Por último he de resaltar que todo lo que en este libro se detalla es REAL, no hay nada trucado ni ficticio, comprobarlo es tan sencillo como irse a internet y verlo con sus propios ojos, y aprovechen porque hasta hoy 28 de Julio de 2016 todavía se puede acceder a internet con libertad, o al menos eso cree usted.

Un saludo, y que lo disfruten.

PARTE I.

2. ECONOMÍA EN LA GUERRA DIGITAL.

2.1. EVASIÓN/ELUSIÓN DE IMPUESTOS

Internet se ha convertido en las últimas décadas en el campo de operaciones perfecto para la evasión y la elusión de impuestos por parte de las empresas de todo tipo. Antes que nada he de decir que intentar eludir impuestos es LEGAL, la OMC (Organización Mundial del Comercio) y el FMI (Fondo Monetario Internacional) pusieron toda la artillería legal disponible para favorecer la libre circulación de capitales, y lo han conseguido, hoy en día puedes tener una empresa en un paraíso fiscal que sea dueña de otra en España por ejemplo y no pagar ni la mitad en impuestos en España.

Conocer la diferencia entre elusión y evasión fiscal te puede costar entrar en la cárcel así que lo aclaro; La elusión fiscal es intentar reducir el pago de los impuestos que se tiene que pagar dentro de los límites definidos por la ley. Lo que se suele hacer en la elusión fiscal es aprovechar las "lagunas legales" y los paraísos fiscales para evitar pagar una gran cantidad de impuestos. Ahora diremos como. Mientras que por otro lado, la evasión físcal consiste en reducir o eliminar completamente el pago de impuestos a través de caminos ilegales, como la falsificación de documentación, encubrimiento de actividades, sobornos a funcionarios, o más usualmente el pago de intereses devengados a través de cuentas en el extranjero o la no declaración de ingresos reales.

Conceptos claros sobre Evasión y Elusión de impuestos.

Para eludir impuestos Internet juega un papel decisivo, máxime si se trata de paraísos fiscales, de esta forma mover el dinero hoy es más rápido y discreto que nunca, así, estos países ávidos de capital fresco, lo ponen del todo fácil y accesible para cualquiera.

Mapa de países considerados paraísos fiscales según la OCDE. http://www.oecd.org/

Ninguno de estos países tiene acuerdos de **intercambio de información** para fines fiscales con otros países en relación a contribuyentes que se benefician de los bajos impuestos, así pues el anonimato está garantizado.

Y además, éstos países tampoco imponen impuestos directos aunque si indirectos, o dicho de otra forma más prosaica, se paga una cantidad muy pequeña, una especie de tasa fija ridícula en comparación con pagar un impuesto sobre beneficios del 25/30%.

Como ejemplos recientes nos encontramos con el revuelo ocasionado con la revelación de supuestos defraudadores que poseen o poseían cuentas en Panamá, los famosos "Panamá Papers (papeles de Panamá https://panamapapers.icij.org/)" que ya provocó la dimisión del Ministro de Industria, Energía y Turismo, o con el famoso caso de la lista Falciani que sacó a la luz la mayor lista de titulares de cuentas en Suiza de la historia. Algunas celebridades de esta lista:

Algunos famosos con cuentas en Panamá.

Como digo son muchas las personalidades destacadas que salen a la luz, que han tenido y tienen sociedades Offshore. En el caso de los Papeles de Panamá, el despacho de abogados Mosack y Fonseca deja al descubierto un reguero de simpatizantes de la evasión de capitales por haber descuidado su seguridad informática.

EE.UU, país que dice ser la bandera contra el blanqueo de capitales, condenando una y otra vez el secreto bancario Suizo, es ahora el país de moda para el rico que desea conservar impoluto su dinero sin pasar por el fisco; así estados como Wyoming, Nevada o Dakota del Sur son ideales para perpetuar su dinero integro.

≡ EL PAÍS ▼!   ECONOMÍA

ECONOMÍA EMPRESAS MERCADOS BOLSA MIS AHORROS VIVIENDA TECNOLOGÍA OPINIÓN/ANÁLISIS BLOGS EMPLEO FORMACIÓN TITULARES

EVASIÓN CAPITALES ›

Olvídese de Suiza: Estados Unidos es el paraíso fiscal favorito de las grandes fortunas

El número de cuentas bancarias que se trasladan desde el país helvético se multiplica tras la decisión de no sumarse a los estándares de la OCDE

Noticia de El País del 3 de febrero de 2016. http://economia.elpais.com/economia/2016/02/01/actualidad/1454342583_965613.html

Hervé Falciani, la persona que destapó las identidades de miles de ricos que ocultaban fortunas en el paraíso suizo, defiende la complicidad de los gobiernos de los Estados en seguir perpetuando este sistema defraudatorio, otro ejemplo es el empeño de muchos países en regularizar la fortuna extranjera de muchos declarantes millonarios a costa de pagar un interés bajísimo en su país, las conocidas como "Amnistías fiscales", para tratar de paliar una supuesta fuga ingente de capitales.

Sin embargo, todos los amantes del dinero oculto deben saber que es BEPS, esa iniciativa del G20 y la OCDE (Organización para la Cooperación y el Desarrollo Economico) para destapar tramas empresariales. **BEPS (Base Erosion and Profit Shifting)** es un fenómeno fiscal derivado del uso indiscriminado de las grandes multinacionales de estrategias elusivas para migrar utilidades de un país a otro, con la finalidad de disminuir su carga tributaria.

El plan consta de 15 medidas que no voy a detallar por no ser soporífero, cuya finalidad es la de rescatar parte de todos esos billones de dólares que las compañías poseen en paraísos fiscales.

Billones de dólares que estas compañías esconden en Paraísos fiscales.

2.1.1. COMO ELUDEN IMPUESTOS LAS EMPRESAS.

Credit Suisse https://www.credit-suisse.com/global/es.html fue multado con 2.500 millones de euros, una minucia créame, por ayudar a multimillonarios y empresas estadounidenses a evadir impuestos, lo que dejó al descubierto toda una trama de abogados, banqueros, contables y cuentas Offshore opacas a niveles nunca vistos, toda una gama de delincuencia de guante blanco. Para ello se valieron de testaferros, subdeclaraciones (declarar menos de lo que se gana ocultando el resto), declararon vivir en sitios donde en realidad no vivían, buscaron vacíos legales y **por supuesto crearon empresas en paraísos fiscales,** todo con el único propósito de bajar su carga impositiva.

Alguna de estas famosas planificaciones fiscales consistían en lo siguiente:

1. Sandwich Holandés: Consiste en abrir una sociedad en las Antillas Holandesas, que posea la propiedad de una empresa Matriz de un Holding empresarial en Holanda. Dicho Holding empresarial estará constituido por empresas en distintos países, cuyos beneficios o pérdidas se repercutirán a la Matriz, y a su vez la Matriz repercutirá estos beneficios (o pérdidas) a su propietaria en Las Antillas Holandesas que es la dueña real en última instancia y como tal tributará al tipo vigente en Las antillas Holandesas. Es decir, entre un 1 y un 3%.

2. Doble Irlandés: Consiste en crear un Holding empresarial en Irlanda donde se tributa al 12,5% pero su legislación permite la facturación a empresas filiales constituidas en otros paraísos fiscales que son poseedoras de los derechos intelectuales de los holdings irlandeses, con los cual el holding solo debe repercutir un cargo a estas filiales por la utilización delos derechos intelectuales y así derivar los

impuestos al tipo vigente en ese paraíso fiscal, lo cual es entre el 1 y el 3% nuevamente. Dentro de este entramado societario están empresas de gran renombre como Apple o Google, en definitiva empresas dedicadas a la tecnología de vanguardia.

3. Existe una tercera opción hibrida entre estas dos formas de elusión fiscal, pueden verlo claramente en la imagen:

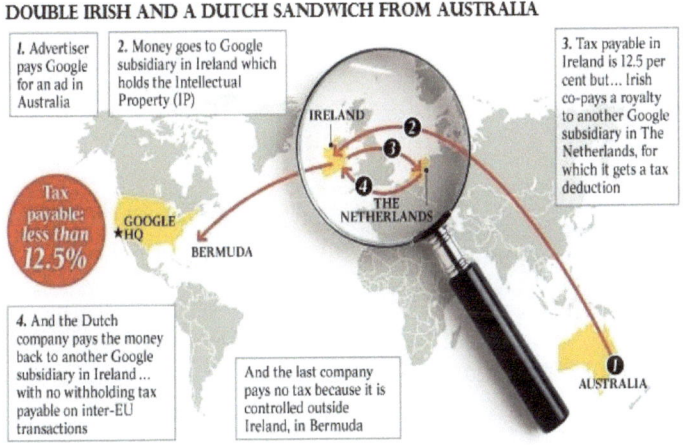

Forma de Elusión de impuestos realizando ingeniería fiscal.

4. El carrusel Alemán o fraude de la trucha: Consiste en vender y comprar dentro de la Unión Europea, ya que estas transacciones no llevan IVA. En primer lugar se crean varias sociedades que serán efímeras en el tiempo, éstas al comprar el bien soportarán el IVA, a continuación venderán el bien a otra sociedad trucha con lo que la primera se repercutirá el IVA,

la segunda venderá finalmente el bien de nuevo a Alemania sin IVA al ser una transacción interior de la UE.

Esquema Básico del Fraude de la Trucha

A — Empresa en País Comunitario
- Pide devolución del IVA soportado en su País
- Venta a Precio (100 + 0) = 100 IVA 0%

La Trucha — Empresa Española
- No declara ni ingresa en Hacienda el IVA repercutido a la empresa B
- Entre la Trucha y la empresa B suele haber empresas intermedias o "pantalla" con el fin de hacer "legal" esta practica

B — Empresa Española
- Venta a Precio (105 + 18,9) = 123,9 IVA 18%

Beneficio para la Trucha:
El IVA, 18,9€ cobrados a la empresa B + el sobreprecio de 5€ sobre el precio de coste = **23,9€**

Si se repite esta operación 100 veces obtendría un total de 2390€.
A lo que se denomina "Carrusel"

Fraude típico de la Trucha.

Una sociedad trucha es una sociedad que prácticamente carece de patrimonio Propio y de una estructura empresarial real. Se trata de sociedades ficticias, temporales, y cuyos administradores suelen ser hombres de paja normalmente sin recursos o insolventes.

Conclusión: en términos relativos Vd. paga muchos mas impuestos que cualquier gran empresa. De hecho, en el Ibex 35 casi el 100% de las empresas que lo componen tiene su filial/matriz en algún paraíso fiscal.

5. Fundaciones: Artículo 7 de la Ley 49/2002: Explotaciones económicas exentas, es el artículo que regula la actividad de las fundaciones, asociaciones, etc... No lo voy a reproducir en este libro por su extensión pero deben echarle una ojeada si lo que desean es saber cómo librarse de algunos impuestos legalmente mediante la creación de una Fundación.

Una Fundación es un híbrido entre una Asociación y una Sociedad, y ahí radica lo interesante, por un lado se beneficia de la exención de ciertas obligaciones fiscales y por otro mantiene una actividad comercial especialmente en temas de justicia social. Esa es la razón de que la mayoría de las grandes fortunas del mundo disponen de una Fundación que da rienda suelta a sus ansias filantrópicas.

Si bien es cierto que no todas las Fundaciones tienen en su fin último el de servir de elusión de Impuestos, muchas cumplen una función social importantísima, algunas se mantienen financieramente a duras penas. Sin embargo, también es justo reconocer que conocedores de sus ventajas legales muchos han visto en ellas una forma de lavar su imagen pública y al mismo tiempo conseguir que cierto patrimonio capital escape de la presión fiscal,

Algunas de sus ventajas fiscales son:

a) Deducción sobre la cuota íntegra del impuesto de la Renta de las personas físicas, sobre las donaciones y aportaciones, desde un 40% hasta un 75% en el caso de España pero que puede llegar al 100% en el caso de ser una fundación estadounidense.

b) Exención total de ciertas rentas en el Impuesto de Sociedades y una tributación reducida del 10% de las rentas no exentas. Rentas exentas son, por ejemplo, los donativos, las cuotas de asociados, las subvenciones, los rendimientos del patrimonio mobiliario e inmobiliario como dividendos o alquileres, adquisición de bienes o derechos (¿un coche? .... Por supuesto!)... etc..

c) Exención total del impuesto de Transmisiones Patrimoniales y Actos Jurídicos Documentados. Efectivamente, si compra un inmueble, por ejemplo, a nombre de su Fundación no pagará este Impuesto.

d) Exención del Impuesto Municipal de Bienes Inmuebles (IBI) si la Fundación se dedica a centro educativo, acogida total o parcialmente al concierto educativo.

e) Exención del Impuesto sobre el Incremento de Valor de Terrenos de Naturaleza Urbana (IIVTNU).

f) Exención no total del Impuesto sobre Construcciones, Instalaciones y Obras (ICIO), siempre y cuando se solicite la bonificación y la declaración de especial utilidad Municipal en el momento de solicitar la licencia de construcción.

g) Exención del Impuesto de Actividades Económicas (IAE) para ciertas actividades contempladas en el artículo 7º la Ley 49/2002 y en todo caso en los 2 primeros años de actividad.

h) Para estar exento de IVA hay que solicitarlo previamente a la Agencia Tributaria. Ciertas Actividades de la Fundación están exentas del pago de este impuesto.

Para las personas que crean una Fundación con algún supuesto interés social y la radican en algún paraíso fiscal pues crean una combinación difícil de digerir éticamente, sin embargo...., todo sigue siendo legal.

6. SICAVS: Ley 35/2003, de 4 de noviembre, de Instituciones de Inversión Colectiva.

Las Sociedades de Inversión de Capital Variable (SICAV) son un instrumento de inversión para las grandes fortunas muy interesante. Tienen como finalidad la tenencia, disfrute, administración u enajenación de valores mobiliarios y toda clase de activos financieros. Es decir, es el alter ego de las Fundaciones, en éstas primaba la acción social y por ello se premiaba con exenciones fiscales y en las segundas, las SICAVs, se premia con la tributación del 1% en el impuesto de sociedades al amasamiento de una gran fortuna. El yin y el yan del mundo financiero.

Una SICAV se constituye con un mínimo de 100 accionistas, sin contar los que tengan una participación del 25%, y con un Capital mínimo de 2.400.000 euros. ¿100 accionistas son muchos para Vd.? No se preocupe, diríjase a su banco y dígale que cuenta con ese Capital mínimo para la SICAV, se sorprenderá lo rápido que encuentra el banco sus accionistas.

Hace poco saltaba la noticia del descubrimiento de la tenencia de 480 Europarlamentarios de un fondo de Pensiones bajo una SICAV Luxemburguesa, al margen de si este fondo de pensiones está convenientemente declarado por sus tenedores o no, hay que decir que las SICAVs no son perjudiciales en sí mismas ni son solo para ricos, cualquier personas puede comprar acciones de una SICAV, pero sí que persiguen un único fin y a mi modo de pensar muy respetable: el lucro con baja carga impositiva.

El modelo de las SICAVs se creó en los 80 con el único propósito de evitar la fuga de capitales, y tras la investigación de los inspectores de Hacienda que reveló que muchos de los accionistas de las SICAVs eran meros "hombres de paja" el gobierno quitó los poderes de supervisión y control a la Agencia tributaria otorgándoselos a la CNMV (Comisión Nacional del Mercado de Valores). ¿Creen que la CNMV supervisa y controla las SICAVs adecuadamente? Un dato: la SICAV Tagomago pertenece al Vicepresidente de la CNMV, Carlos Arenillas.

Los accionistas de una SICAV solo tributan al 1%, al igual que los fondos de Inversión, **hasta el momento en el que sacan el dinero** de la SICAV o perciben dividendos, que lo harán al 19%,21% o 23% según la cantidad recuperada, por tanto, pueden dilatar en el tiempo el pago de los impuestos todo lo que deseen. Aquí radica el verdadero secreto del éxito de este tipo de sociedades.

Así que veamos cómo puede defenderse en igualdad de condiciones:

2.1.2. COMO ELUDEN IMPUESTOS LAS PERSONAS FISICAS.

Pero no solo las grandes compañías evaden/eluden impuestos, la sociedad, el ciudadano medio, también dispone de mecanismos para hacerlo, veamos algunos ejemplos:

1 Elusión del Impuesto sobre Transmisión de Bienes Inmuebles:

a) Creación de una sociedad mercantil en un Paraíso Fiscal. Ésta sociedad extranjera mercantil adquiere el bien mueble o inmueble.

b) La venta de este bien se hace mediante transmisión de titularidad de esta sociedad mercantil a la persona que lo compra. De esta forma evitamos pagar el impuesto de transmisiones y solo tendremos que pagar a nuestro abogado del país donde tengamos depositada nuestra sociedad Offshore.

2. Elusión del impuesto de Sucesiones y donaciones

El ejemplo típico es el del propietario de un inmueble que desea que a su muerte éste pase a sus hijos libre de impuestos.

a) Se crea una sociedad mercantil en un Paraíso Fiscal, de la cual es propietario al 100% de forma confidencial.

b) La titularidad sobre el inmueble se trasmite a la sociedad mediante una cesión puramente documental. El verdadero propietario firma un documento sin fecha mediante el cual cede la totalidad de sus participaciones en dicha sociedad mercantil.

c) Al morir la persona en cuestión, los hijos ponen al documento la fecha que corresponda y proceden a registrar la transacción en el Paraíso Fiscal a un coste muy bajo y sin pagar el Impuesto de Sucesiones en su propio país.

3. Elusión del impuesto de Actividades Económicas

Para eludir este impuesto, se debe crear una sociedad mercantil en un Paraíso Fiscal, la cual puede realizar actividades comerciales y de inversión a escala mundial. Realizando todas sus actividades mercantiles a través de esta sociedad Offshore, así pues no necesita pagar el impuesto de actividades económicas, ya que este tributo sólo afecta a las empresas residentes.

4. Elusión del Impuesto sobre la Renta sobre las Personas Físicas

A) Se crea una sociedad Offshore (como ven siempre es el mismo mecanismo) y el propietario se hace inscribir como empleado con un salario ínfimo exento de impuestos.

B) Esta empresa puede operar internacionalmente ofreciendo sus servicios y licencias de propiedad intelectual, etc..

5. Elusión del Impuesto sobre los Incrementos de Capital

Para ello se realiza todas las inversiones a través de una sociedad mercantil basada en un Paraíso Fiscal. Cuando se obtiene el beneficio de la inversión éste es abonado en una cuenta corriente Offshore de la compañía (después veremos como se abre una cuenta corriente Offshore). La principal característica de este tipo de cuentas es su total opacidad.

6. Elusión del pago de las Cuotas obligatorias de la Seguridad Social.

Se conoce como empleado Offshore, algunas empresas con sede en Paraísos fiscales contratan trabajadores en otros países y evitan pagar este impuesto en aquellos países de origen del empleado en cuestión, así como la obligación de realizar las correspondientes retenciones sobre la base salarial bruta.

7. Elusión del Impuesto sobre el Valor Añadido (IVA, VAT, ITBM):

La sociedad Offshore residida en un Paraíso Fiscal, compra y vende las mercancías desde fuera de los territorios aduaneros de tal forma que **nunca** deberá declarar el impuesto sobre el valor añadido, ya que éste sólo es aplicable a las importaciones y a las ventas realizadas dentro del territorio aduanero del país.

8. Evadir impuestos al escriturar por el valor inferior al real (ilegal)

Si la casa tiene un valor comercial de 100.000 euros, por ejemplo, en la escritura se coloca un valor de 50.000 euros, valor que se paga con cheque o transferencia bancaria y el resto en efectivo. De esa manera, para el estado esa operación fue de 50.000 euros y sobre esa base se calculan los impuestos y tasas de registro que correspondan, por lo que se termina evadiendo una importante cantidad de dinero en impuestos.

El único problema que se presenta es cuando el comprador venda en el futuro su inmueble, puesto que al venderlo por el precio real, o mejor, al protocolizar la escritura por el precio real, tendrá una plusvalía enorme sujeta al impuesto de ganancias patrimoniales, por lo que deberá recurrir una vez más a la técnica de escriturar por debajo del valor real para evitar el pago de dicho tributo, y así indefinidamente cada vez que ese inmueble se venda.

9. Evadir impuestos de ganancia patrimonial al Garantizar créditos con propiedades.

Supongamos que una persona tiene activos por 25 millones de euros y requiere efectivo por cualquier motivo. Una solución sería vender parte de sus activos para obtener el efectivo necesario, pero cuando se vende un activo por lo general se genera una plusvalía por la que hay que pagar un impuesto.

La solución es solicitar un crédito bancario garantizado por las propiedades que se tienen. De esa forma se hace el efectivo requerido sin vender los activos y sin generar un ingreso que pueda ser gravado, y además, el costo financiero de ese crédito generalmente es deducible de la base imponible. Los gastos e inversiones se financian con pasivos sobre los que no hay que tributar.

El asunto es más interesante cuando se poseen acciones en sociedades, la solución pasa por firmar un contrato swap con algún banco de inversión por lo que se obtiene efectivo sin necesidad de transferir la propiedad de la acciones, lo que evita pagar los costos de transacción y los impuestos que pudiera resultar de una plusvalía o ganancia en la venta de las acciones.

Conclusión: Elabore su propio plan fiscal, saldrá beneficiado. En la Unión Europea se evaden **al año 70.000 millones** de euros, todo un alarde de solidaridad.

10. El IRPF Dual: Consiste en tener rentas de Capital, por ejemplo dividendos, en lugar de un salario. La tributación en estos casos es considerablemente más baja.

2.1.3. VATICANO OFFSHORE.

El vaticano es quizá hoy en día uno de los mejores lugares Offshore del mundo, y no es un argumento anticatólico ni mucho menos, así que no se sienta herido si es Vd. católico, voy a fundamentar mi opinión.

El vaticano es un Estado opaco donde nadie paga impuestos, no hay IVA a pesar de que se llevan a cabo toda clase de transacciones comerciales, por ejemplo solo el estanco del Vaticano genera 10 millones de euros anuales libres de impuestos. Además, existen más de 50.000 tarjetas que eluden impuestos para los 6.000 funcionarios que existen, los curas compran mercancías a bajísimo precio que luego revenden en otros países, etc..

Las beatificaciones y santificaciones son otra de las máquinas de hacer dinero que tiene el Vaticano. Un Santo lo es por los milagros generados o por la cantidad de dinero que es capaz de donar a la curia. Así pues cualquiera puede convertirse en santo por el módico precio de unos 500.000 euros de media. Según el el libro "Vaticano s.a": *"Para abrir una causa de beatificación pueden ser necesarios unos 50.000 euros, a los que después hay que añadir al menos otros 15.000 para los costes de la operación".* Juan Pablo II beatificó a 1338 onerosos y santificó a 482 cuyos ingresos rozaban el cielo.

Los Cardenales viven en apartamentos de 200 a 700 metros cuadrados en el Centro histórico de Roma y no pagan ningún tipo de alquiler, resulta paradójico para alguien que ha cumplido un voto de pobreza.

Todo ello sin contar con lo que obtiene el Vaticano de la Caridad cristiana cuya transparencia es poco menos que discutible, Por ejemplo en el Óbolo de San Pedro de 2012 (Limosnas a San Pedro a favor de los más necesitados) se recaudaron más de 53 Millones de euros de los cuales solo 11 Millones se destinaron a obras de caridad. Del resto solo Dios lo sabe.

El Óbolo de San Pedro es una ayuda económica que los fieles ofrecen al Santo Padre, como expresión de apoyo a la solicitud del Sucesor de Pedro por las múltiples necesidades de la Iglesia universal y las obras de caridad en favor de los más necesitados.

En cualquier momento puede enviar su óbolo a:

Su Santidad Papa Francisco - 00120 Ciudad del Vaticano

Cuenta Corriente Bancaria:

FinecoBank S.p.A.

IT 52 S 03015 03200 000003501166

BIC/SWIFT: UNCRITMM

BIC beneficiario: FEBIITM1

Beneficiario: Obolo di San Pietro (Óbolo de San Pedro)

(Indicar el proprio nombre, apellidos y dirección completa)

Pueden seguir haciendo donaciones mediante un cheque a nombre de Óbolo de San Pedro y enviarlo a la dirección:

Ufficio Obolo di San Pietro 00120 Città del Vaticano

Extracto de la web del Óbolo de San Pedro.

http://www.vatican.va/roman_curia/secretariat_state/obolo_spietro/documents/index_sp.htm

En julio de 2013 el actual papa argentino creó una comisión, denominada Cosea, para conocer los desfalcos financieros del Vaticano. El sacerdote español Lucio Ángel Vallejo Balda, al que la Gendarmería vaticana detuvo por filtrar documentos confidenciales, fue secretario de dicha comisión.

2.2. NEGOCIOS EN LA GUERRA DIGITAL.

Ya hemos hablado de los paraísos fiscales y de cómo los utilizan las empresas para pagar lo menos posible al fisco. En relación a esto hablaremos de qué forma sacarle el máximo jugo financiero desde la comodidad de nuestros sillones con un portátil en el regazo, ¿Preparados?

2.2.1 Ventajas de tener una sociedad Offshore:

- Los no residentes no pagan impuestos.
- Prevalece el secreto bancario y mercantil.
- No hace falta un desembolso elevado de Capital.
- La contabilidad y las Auditorias no son obligatorias.
- Se puede crear una offshore desde casa.
- No hay pagos de seguros sociales.
- Regulación bancaria flexible.
- Los paraísos fiscales son por lo general muy estables.
- No poseen tratados de colaboración de información fiscal con ningún otro país.
- Ideal para PYMES con leyes desfavorables para crecer.
- La mayoría de la banca en paraísos fiscales es multiidioma.
- Facilidad para la libre circulación de capitales.

Ahora veamos qué utilidad le podemos sacar, además del ahorro en impuestos que conlleva la creación de una Sociedad en un paraíso fiscal, es decir, que servicios nos aporta el mundo Offshore Online:

a. <u>Cuenta Bancaria Offshore</u>: imagínese la posibilidad de tener una cuenta bancaria libre de impuestos, sin el control gubernamental de nuestro país gracias a la opacidad bancaria y la prevalencia del secreto bancario.

b. <u>Tarjeta anónima Offshore:</u> Aunque algunos dirigentes de Caja Madrid o Bankia ya saben lo que es eso, se trata de un mecanismo de pago anónimo, no aparece ni el beneficiario de la recarga de la tarjeta ni el de la empresa que la recarga y no va asociada a ninguna cuenta bancaria si no quiere. Por lo demás funciona como cualquier otra tarjeta de débito, además se puede sacar anónimamente de los cajeros automáticos.

Imagen figurada y precio por conseguir dos tarjetas Offshore.

http://www.tarjetasdecreditoydebito.com/faq.html

c. TPv virtual Offshore: Si ya tiene una sociedad, una cuenta bancaria y una tarjeta offshore, el siguiente paso es tener un TPV virtual offshore para recibir los pagos de su negocio online.

d. Cuenta PAYOPM: Se trata de una plataforma de Billetera electrónica sin necesidad de tener una cuenta bancaria en el extranjero. La plataforma permite pagar y recibir dinero, abrir cuentas y tarjetas offshore, y el acceso a Marketplace. Deben echarle un vistazo si van a crear cualquier negocio online.

https://www.payopm.com/es/account/login/signup/4

e. Licencias de juego en Costa rica o Malta: Son los territorios Offshore con la legislación más "adecuada" para el establecimiento de una sociedad Offshore de juego online allí.

Online Off-shore licencia de juego en Malta

Una licencia de juegos de azar offshore le permite a su titular a realizar cualquier tipo de juegos de azar y de negocios de lotería. La apuesta es una de las mejores maneras de entretener a la gente, que es por qué las empresas resulta ser una muy viable.

La Comisión de Juego de Malta se considera una de las jurisdicciones de juego en línea líder.

Extracto de una web de gestiones en Paraísos Fiscales.

2.2.2. ¿QUÉ ES UN HYIP?

Las siglas **HYIP** significan "high yield investment program" o programa de inversión de alto rendimiento. Se trata de un programa de inversiones ofrecido exclusivamente a través de Internet con las siguientes características:

- Ofrece un alto rendimiento, típicamente entre 0,5% a 200% diario.
- Se puede participar con cantidades de entrada muy bajas.
- El manejo de la inversión es opaco, el cliente no sabe en qué se invierte su capital más allá de lo que se declara en la página Web del programa.
- Los cobros y pagos se efectúan principalmente por medio de las llamadas monedas electrónicas o divisas digitales.
- La inversión no es ofrecida por brokers o agentes del mercado de valores y en su inmensa mayoría los programas tampoco cuentan con una licencia financiera o de fondo de inversión. Si bien algunos de ellos están registrados en paraísos fiscales, en realidad operan fuera de la ley y en un entorno virtual multijurisdiccional, muy difícil de controlar.

Usan un tipo de estructura piramidal, conocida como **esquema de Ponzi**, en referencia al italiano Carlo Ponzi que se hizo famoso por estafar a un buen número de sus conciudadanos con este sistema a principios del siglo pasado.

En un esquema de Ponzi, las ganancias de los inversores más antiguos se pagan con el capital depositado por los nuevos que van entrando en el programa. Este procedimiento funciona hasta el momento en el que se produce una disminución en el flujo de llegada de nuevos inversores. En este momento el sistema colapsa. En la realidad, sin embargo, el proceso pocas veces llegará hasta el final, porque el promotor del programa desaparecerá con el dinero restante cuando perciba que la pirámide está por desplomarse.

Recientemente descubrí un HYIP muy curioso, utilizaba como base el código de encriptado de Bitcoin, para luego lanzar su propia criptomoneda, el S-coin, dicha moneda se compra, fabrica y vende por ellos mismos, prometiendo unas ganancias desorbitadas. La empresa en cuestión se llama Coinspace, con sede en Malta, (evidentemente) aunque posteriormente hablaremos de ella más extensamente cuando tratemos el tema de las criptomonedas.

Extracto de la Web de Coinspace.

http://coinspace.eu/

Otro Ejemplo de Hyip fraudulento es el caso de Wenyard, me toca especialmente porque afectó a un amigo mío, éste contaba maravillas de esta empresa basada en una curiosa fórmula de conseguir criptomonedas de Wenyard, llamadas WFO, para luego invertir en unas acciones que solo podías comprar en una plataforma llamada NASGO (diseñada por la propia Wenyard) donde simulaban una plataforma de inversión financiera profesional.

Extracto de Blog denunciando el caso de Wenyard y Logo de Wenyard.

http://wenyard-nasgo.jimdo.com/

Lo peor, en este caso, es que al hecho de cambiar dinero real por dinero ficticio (el WFO), se le unía el hecho de que debías confiar por completo en la buena voluntad de la empresa de no manipular su propia plataforma de cotizaciones ficticias. Ridículo, lo sé, y sin embargo miles de personas cayeron.

Tipos de Membresía

€95
(WFOs por valor de €100)

Bono binario o por suscripción
Bono de línea única Nivel 1-3
Bono de momento

€295
(WFOs por valor de €600)

Bono binario o por suscripción
Bono de línea única Nivel 1-5
Bono de momento
Bono de equiparación.

€795
(WFOs por valor de €2.400)

Bono binario o por suscripción
Bono de línea única Nivel 1-10
Bono de momento.
Bono de equiparación.
Bono de momento de equipo.

Niveles de Acceso al multinivel Wenyard.

2.2.3. OPCIONES BINARIAS.

A pesar de llevar años en internet todavía son unas desconocidas para el gran público, el sistema de inversión de las opciones binarias son el modelo perfecto para captar capital de personas ávidas de dinero rápido, puesto que aúna dos mercados potentes, el juego y las inversiones online.

Se basa en lo siguiente: Todo activo financiero regulado en un sistema de mercado de inversión basado en la oferta y la demanda tiene un precio que puede subir o bajar, así que la empresa ofrece una alta rentabilidad de ganancia si aciertas la tendencia que llevará el precio de ese activo durante un tiempo acordado.

Por ejemplo, en el primer cuadrante la cotización del euro/dólar es 1,3866, para apostar a que el precio al que va a quedar esa cotización va a ser superior de ese 1,38660 a las 11:00 de la mañana, aprieto el botón verde "up", si creo que va a estar por debajo a las 11:00 clico el botón naranja. Es simple. Si estoy en lo cierto y las 11:00 se cumplen mis pronósticos ganaré el 73% de lo apostado, sino lo perderé todo o casi todo.

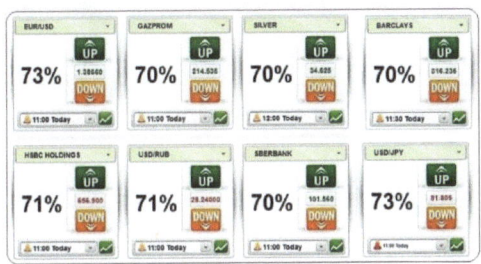

Imagen normal de los activos que se pueden invertir en Opciones Binarias.

https://lp.24option.com/

Arriesgado y tentador a la vez, pero nadie ni nada puede prever que rumbo tomará el precio de un activo en un momento dado (aunque si intuirlo por análisis técnico o fundamental). Sin embargo se trata de un modelo de negocio de éxito contrastado, y eso irremediablemente lleva a que se creen modelos de negocios tangenciales, como es el de la venta de licencias de software de inversión automático, es decir, las apuestas las realiza un logaritmo complejo interno sin la intervención humana en base a unos patrones que Vd. se encarga de programar, ha de decirle al robot que debe hacer y cómo hacerlo y el software lo hará.

Un ejemplo:

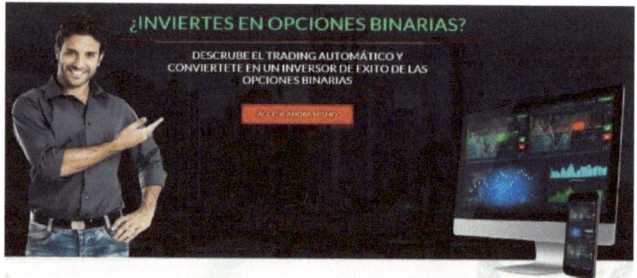

Muestras de Banners de empresas con robots Trading.

http://www.lasopcionesbinarias.es/autorobots/

Las opciones binarias no son ilegales, y entonces ¿Cuál es el problema? El problema radica en su extraña regulación, casi el 100% de estas empresas radican en lugares como Chipre o Malta, donde operaban con una Licencia de juego en lugar de una Licencia para operar con instrumentos financieros, cuya regulación es mucho más costosa de adquirir por los numerosos requisitos.

****** {Extracto de Wikipedia : El dinero de los clientes no necesariamente se mantienen en una cuenta de fideicomiso como lo requiere la regulación y las operaciones no son controladas por un tercero para asegurar el juego limpio.

El 3 de mayo de 2012, la Comisión de Valores de Chipre (CySEC) anunció un cambio de política con respecto a la clasificación de las opciones binarias como instrumentos financieros. El efecto es que las plataformas de opciones binarias que operan en Chipre (donde muchas de las plataformas se basan) tendrán que ser regulada dentro de los seis meses siguientes a la fecha de la convocatoria. CySEC fue el primero de la UE MiFID regulador miembros para tratar las opciones binarias como instrumentos financieros.

Hoy en día, los plazos de la CySEC ya han vencido y todavía no se conocen las sanciones que se impondrán a los brokers que permanecen en la ilegalidad.

En marzo de 2013, la Autoridad de Servicios Financieros de Malta anunció que la regulación de opciones binarias se transfiere fuera de la Lotería de Malta y la Autoridad de Juegos de Azar. El 18 junio de 2013, la Autoridad de Servicios Financieros de Malta confirmó que la supervisión de las opciones binarias cayó bajo el ámbito de aplicación de la Directiva de Mercados de Instrumentos Financieros (MiFID), 2004/39/CE. Con este anuncio, Malta se convirtió en la segunda jurisdicción de la UE en regular las opciones binarias como instrumento financiero, los proveedores tendrán ahora para obtener una de las 3 categorías de licencias de Servicios de Inversión y cumplir con los requisitos mínimos de capital de la MiFID.

Antes de este anuncio hubiera sido posible a las empresas operar con un simple permiso de la Autoridad de Juego. Si bien no es ilegal el comercio de opciones binarias en los Estados Unidos, actualmente no existe regulación de opciones binarias en los Estados Unidos. El 6 de junio de 2013, Banc of Binary, https://eu.bancdebinary.com/ fue acusado tanto por el CTFC y la SEC por presuntas violaciones del Reglamento Financiero de EE.UU. Tanto el CTFC y la SEC en colaboración con otros han presentado demandas civiles contra la compañía, en busca de restitución, además de sanciones económicas, así otras medidas de no innovar y permanente contra Banc De Binary. En demandas civiles presentadas en Nevada, la SEC y CTFC alegan que Banc of Binary ofrecía off opciones negociadas en bolsa para clientes de Estados Unidos y solicitó ilegalmente a los clientes de Estados Unidos comprar y vender opciones. El traje CTFC y la SEC también alega que Banc de Binary no limitó su oferta a los participantes elegibles del contrato en contra de utilizar la reglamentación.}******

Las empresas que regulan contratos de opciones binarias deben, por tanto, estar reguladas por un organismo de control de mercados financieros, en España, la CNMV publicó en 2012 un listado de empresas de opciones Binarias NO seguras, es este:

www.01broker.com	www.optionbit.com
www.24option.com	www.optionfair.com
www.ajbrowdercapital.com	www.optionfire.com
www.anyoption.com	www.optionrally.com
www.banqueoption.com	www.optionet.com
www.binaryoptions.asia/option	www.optionrange.com
www.binoa.com	www.options365.com
www.bocapital.com	www.optionsbravo.com
www.brokersfeed.com	www.optionsclick.com
www.cititrader.com	www.optionxp.com
www.ebinaires.com	www.startoptions.com
www.empireoption.com	www.stockpair.com
www.euoptions.com	www.trader711.com/options
www.ezbinary.com	www.tradereasy.com
www.excitingmarkets.com	www.traderxp.com
www.eztrader.com	www.tradesmarter.com
www.finopex.com	www.ubinary.com
www.ikkotrader.com[2]	www.vipbinary.com
www.ioption.com	www.winoptions.com
www.leaderoption.com	www.xpmarkets.com
www.marketpunter.com	www.zeoption.com
www.option10.com	

Listado de empresas de Opciones Binarias no reguladas.

En este negocio el tipo de cliente mayoritario es el que busca "La gran oportunidad", los brokers de estas plataformas lo saben y esa es la razón que anuncien a bombo y platillo las enormes ganancias que se pueden llegar a obtener invirtiendo en opciones binarias. Así que desconfíe de la plataforma que le prometa ganancias aseguradas invirtiendo en uno u otro producto sugeridos por la misma. Detrás de ese consejo, con toda seguridad, se encontrará otro experto de la estafa digital.

Por contra también se ha publicado un informe de los brokers de opciones binarias autorizados por la CNMV, es el siguiente:

Brokers de opción binaria regulados y autorizados

Lista de los corredores de opción binaria que han obtenido una licencia de regulación

Logo del broker	Información sobre el broker	Nombre del broker regulado y sociedad	Regulación	Disponible en español	Nota del broker
24option.com	Abrir una cuenta 24Options / 24Options reseña	24Options (Rodeler Ltd)	CySEC CNMV CONSOB AMF FSA/FCA	✓	★★★★
TOPOPTION	Abrir una cuenta TopOption / TopOption reseña	TopOption (Safecap Investments ltd)	CySEC CNMV AMF FSA/FCA CONSOB	✓	★★★★
OPTIONWEB	Abrir una cuenta OptionWeb / OptionWeb reseña	OptionWeb (Lionsman)	CySEC CNMV AMF ACP Banque de France FSA (FCA) CONSOB	✓	★★★★
STOCKPAIR	Abrir una cuenta StockPair / StockPair reseña	StockPair	CySEC AMF	✓	★★★
empireoption	Abrir una cuenta EmpireOption / EmpireOption reseña	EmpireOption (Ecobros Investments Ltd)	Código del Comercio de la República Oriental de Uruguay y los textos de las leyes 15.921 y 16.060	✓	★★
EZTRADER	Abrir una cuenta EzTrader / EzTrader reseña	EZtrader (WGM Services Ltd)	CySEC	✓	★★
anyoption	Abrir una cuenta AnyOption / AnyOption	AnyOption (Ouroboros Derivatives)	CySEC CNMV AMF FSA/FCA	✓	★

Operadores de Opciones Binarias aprobados.

2.2.4. MULTINIVELES.

Para empezar debemos hacer una distinción importante, puesto que conocer la diferencia (al igual que decíamos con la evasión/elusión) le puede llevar a la cárcel; un multinivel es ilegal cuando se dan una serie de características (Ver Ley a continuación), una pirámide no. De hecho cualquier sociedad empresarial o incluso religiosa se basa en una pirámide.

Por tanto nos centraremos en los multiniveles; como se crean, como se difunden, ¿Por qué engancha a tanta gente?, ¿Qué tipos hay?, etc... Y además sabremos que dice la Ley en España al respecto de los negocios multinivel.

{Ley Comercio Minorista en España Art. 22 Venta Multinivel

La legislación española regula la forma de distribución y venta del Marketing Multinivel acorde al Artículo 22 de la Ley 7/1996, de 15 de enero, de Ordenación del Comercio Minorista.

Como queda reflejado en el Boletín Oficial del Estado (BOE), a disposición de quien desee consultarlo, el Artículo 22 de la mencionada ley manifiesta lo siguiente:

1. La venta multinivel constituye una forma especial de comercio en la que un fabricante o un comerciante mayorista vende sus productos o servicios al consumidor final a través de una red de comerciantes y/o agentes distribuidores independientes, pero coordinados dentro de una misma red comercial y cuyos beneficios económicos se obtienen mediante un único margen sobre el precio de venta al público, que se distribuye mediante la percepción de porcentajes variables sobre el total de la facturación generada por el conjunto de los consumidores y de los comerciantes y/o distribuidores independientes integrados en la red comercial, y proporcionalmente al volumen de negocio que cada componente haya creado.

2. Entre el fabricante o el mayorista y el consumidor final sólo será admisible la existencia de un distribuidor.

3. Queda prohibido organizar la comercialización de productos y servicios cuando:

a) El beneficio económico de la organización y de los vendedores no se obtenga exclusivamente de la venta o servicio distribuido a los consumidores finales sino de la incorporación de nuevos vendedores, o

b) No se garantice adecuadamente que los distribuidores cuenten con la oportuna contratación laboral o cumplan con los requisitos que vienen exigidos legalmente para el desarrollo de una actividad comercial.

c) Exista la obligación de realizar una compra mínima de los productos distribuidos por parte de los nuevos vendedores sin pacto de recompra en las mismas condiciones.

4. En ningún caso el fabricante o mayorista titular de la red podrá condicionar el acceso a la misma al abono de una cuota o canon de entrada que no sea equivalente a los productos y material promocional, informativo o formativo entregados a un precio similar al de otros homólogos existentes en el mercado y que no podrán superar la cantidad que se determine reglamentariamente.}

Es decir, crear una compañía multinivel no es ilegal, como habitualmente se cree, sino que debe cumplir una serie de requisitos, como por ejemplo un contrato laboral, que no exista compra mínima obligatoria, que no dependa el cobro de su comisión de la inclusión de otros miembros a la red y que no exista el pago de un canon o cuota de entrada al negocio. Teniendo esto claro el negocio multinivel puede catapultarte al éxito, es cierto, pero siempre y cuando sea usted el creador de esa compañía.

Ejemplo de red multinivel.

La mayoría de las personas que se unen a una compañía multinivel lo hacen buscando un sobresueldo, otras lo hacen como medio para ganarse la vida, las compañías multinivel lo saben, y por ello insisten en lo fácil que resulta, que se puede realizar desde la comodidad de su casa, y además le instarán constantemente a que busque otros representantes para unirlos a su red, concretamente en un escalafón inferior de su nivel en la red.

Estas compañías le harán creer que es un líder, y que posee una personalidad tan arrolladora que será capaz de convencer a otras para realizar su misma labor. Este tipo de empresas crecen en base al esfuerzo en las ventas de sus distribuidores, son su fuerza principal, y de la red que ellos mismos puedan tejer. Por eso el trabajo psicológico es fundamental en este tipo de compañías, el adoctrinamiento, la perseverancia en lograr un objetivo superior, promesas de una vida llena de lujos, hacerle creer en la certeza total y absoluta en que lo conseguirá, y por supuesto está en la mejor empresa posible para lograrlo. Prácticamente todas afirmarán ser los líderes de su nicho de mercado sobre el producto o servicio que comercializan, al fin y al cabo ¿Quién contrasta estas datos? Y además ¿Qué importa que lo sea o no cuando le han prometido unas ganancias desorbitadas y además es su propio jefe?

Anuncio de Herbalife buscando nuevos distribuidores.

Para reforzar esta imagen de liderazgo no dudan en gastar millones en patrocinio y publicidad, incluso en la utilización de personas públicas respetadas en sus áreas profesionales de primer nivel:

Algunos Famosos que venden su imagen a Herbalife.

Herbalife gana "solo" 5 Billones de dólares al año gracias a su extensa red mundial de vendedores, supongo que pueden permitirse contratar a Cristiano Ronaldo y a otros como él. Aunque no todo lo que reluce es oro:

Sanción a Herbalife que pagó sin recurrirla.

http://www.tribunahispanausa.com/economia/herbalife-acepta-pagar-200-millones-para-continuar-con-su-negocio-en-ee-uu/

No obstante, he de decir en favor de Herbalife así como de Avon o Tupperware, y muchas más, que creo firmemente que se trata de un negocio legal, no se trata de ninguna estafa piramidal como las que veremos a continuación. Herbalife tiene una gama de productos tangibles, pueden gustarle o no, pero aquel que se une a Herbalife lo hace consciente del producto que vende y que, por tanto entra dentro de un multinivel de comisiones de venta que ganará más cuantos más referidos tenga por debajo suya. O al menos esa es la teoría.

Otras historias ligadas al multinivel son la cara B de este negocio, personas sin escrúpulos que crean una empresa MLM con el único fin de atraer a cuantos más incautos posibles mejor, prometiéndoles una vida de ensueño al promocionar y comprar sus productos o servicios. El Network Marketing más oscuro, la alta sociedad de la estafa; negocios como Libertagia que estafó 1079millones de euros, o Unetenet que estafó a 22.000 personas (https://unetenetglobal.com/index.asp) y cuyos responsables duermen hoy día en la cárcel, o incluso OrganoGold cuyo negocio era revender el café milagroso de una empresa china llamada Xianxhilou, etc... que surgen del nada, alcanzan un nivel espectacular en poco tiempo movidos por la codicia humana y se desmoronan más rápidamente aun. ¿Negocios legales? Técnicamente si, No en el fondo, pero nuevamente, ¿Quién contrasta estas cosas, verdad?

Veamos algunos ejemplos:

WCM777 (abril 2013 – febrero 2014) Esta empresa global de telecomunicaciones se disparó en poco tiempo, y tras su evento a lo grande en Dubái comenzaron a retrasarse en los pagos con la excusa de mejoras y actualizaciones sobre el sistema. A la fecha de hoy la empresa y la web ya no existen y la SEC les reclama 1.125 Millones de dólares a los estafados.

Fundadores de WCM777 y cuantías de acceso al multinivel de la compañía.

TELEXFREE (marzo 2012 – abril 2014) La famosa empresa americana de VOIP que en Marzo realizó un cambio en su plan de compensación y en Abril muchas personas abandonaron la empresa. Fue intervenida por la SEC y actualmente se encuentra en juicio, es actualmente una de las estafas más grande de la historia. www.telexfree.com

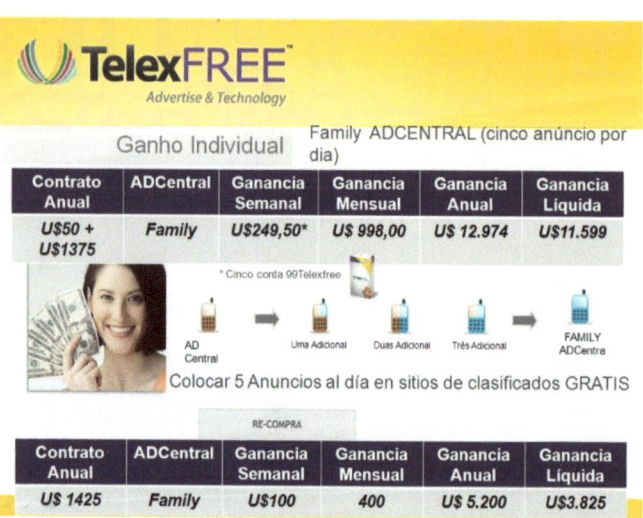

Cuantías de acceso y ganancia a Telexfree.

JUDINGUSA (setiembre 2013 – enero 2014) Empresa MLM basada en el grafeno con sede en estados unidos. La prueba de que se puede hacer MLM con cualquier cosa que suene a novedoso. Ser miembro de Judingusa no era barato, pero las ganancias prometidas eran cuantiosas, 10.000 euros al mes. Nuevamente la codicia y la desesperación fueron la perdición de muchos.

Una de las cuantías para acceder a este multinivel basado en el grafeno.

Hoy en día no existe la web www.judingusa.com aunque si su página de Facebook, de Pinterest, de Youtube, de slidshare, de Twitter, etc.. Borrar los datos de las redes sociales es muy complicado.

PAYMONY (enero 2014 – mayo 2014): Empresa cuya web ya no existe, basada en la minería de una moneda virtual. Los distribuidores debían alquilar computadoras para minar Bitcoins de forma anidada. Es decir, nada. Una empresa que no realiza realmente ninguna actividad y que aprovecha el desconocimiento del funcionamiento de las criptomonedas para quedarse con el dinero de los pseudoemprendedores digitales deseosos de encontrar el santo grial en internet.

VANGUARDIA

INICIO PAPA FRANCISCO EDICION IMPRESA PUENTEGUYPE CLASIFICADOS CO
POLITICA LOCALES ECONOMIA POLICIALES DEPORTES MUJER ARTES Y ESP

Miércoles, 27 Agosto 2014 05:07

Tras decepción de TelexFree y Coltan's, denuncian a Paymony Destacado

Al final, todo negocio que no vende nada real o tangible cae, aunque se trate de un servicio. Si desconoce que es lo que la empresa realmente comercializa huya de allí como gato del agua, aunque le prometan que ganará todo el oro de Fort Knox.

http://www.vanguardia.com.py/v1/index.php/edicion-impresa/policiales/item/20928-denuncian-por-estafa-y-lesi%C3%B3n-de-confianza-a-directivos-de-%E2%80%9Cpay-money%E2%80%9D

Exactamente igual que la actual **Coinspace**, que sigue captando adeptos mientras leen este libro.

Paymony Cierra Por Problemas Entre Sus Fundadores.

Paymony, empresa enfocada en la tecnología de mineracion (creación de dinero o monedas virtuales), se encuentra cerrada por problemas internos entre sus fundadores.

La excusa que idearon para cerrar Paymony.

ONETHOR (diciembre 2013 – julio 2014): Empresa del mismo dueño que Telexfree, Misael Martins, al parecer se dio cuenta de lo sencillo, rápido y desregulado que se encuentra este asunto del MLM en internet y montó más de una estafa que él mismo calificó como "eran proyectos de Dios para continuar cambiando la vida de la gente", en efecto si las cambió.

Misael Martins, un ejemplo perfecto de estafador digital, pero también alguien del que aprender ¿no creen?

	FREE PARTNER	ONE CENTRAL	ONE FAMILY	TEAM THOR
ONE THOR HISPANO www.OneThor-Hispano.Com				
COSTO DE PAQUETE	US$ 0.00	US$ 402.50	US$ 1,725.00	US$ 8,625.00
BONO: MEDIA DIGITAL VISUALIZACION PUBLICIDAD		US$ 20.00	US$ 100.00	US$ 500.00
BONO: REFERIDOS DIRECTOS		US$ 30.00	US$ 150.00	US$ 750.00
BONO: BINARIOS FORMACION DE PAREJAS		US$ 20.00	US$ 100.00	US$ 500.00
BONO: RESIDUAL		US$ 0.40	US$ 2.00	US$ 10.00

Planning de ganancias de OneThor. Ya no existe la web.

UNETENET (junio 2013 – julio 2014): Empresa española dedicada a la publicidad por internet que comerciaba en su propia moneda virtual, el **Unete**. Al parecer la empresa convertía euros en unetes (Coinspace los convierte en S-coins, Wenyard en WFO, etc...), a través de una sociedad llamada Union Business Online que radicaba en el paraíso fiscal de San Vicente y Las Granadinas.

En estas webs al parecer los miembros con unetes podían cambiarlos por cosas. www.unetshopping.com y www.unetebuy.com. Ya no existen evidentemente pero si los perfiles en Google+ y Linkedin.

Anuncio de captación de Unetenet. Como siempre poniéndolo fácil y enseñando el señuelo, sonrisa divina y billetes.

Noticia de la estafa de Unetenet en 2015.

http://politica.elpais.com/politica/2015/06/19/actualidad/1434729885_812527.html

De nuevo se repite una y otra vez el mismo patrón de la codicia y todo amparado por una supuesta legalidad ya que ninguna de estas tres patas es ilegal a día de hoy:

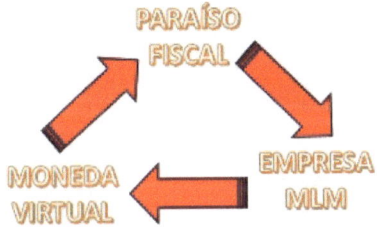

Todo marchaba bien para el matrimonio Ramírez que dirigía Unetenet, el problema surgió cuando el Banco Rietumu de Letonia bloqueó sin previo aviso las cuentas de los dirigentes de Unetenet.

Hagamos un inciso y profundicemos, el Banco Rietumu se trata de uno de los bancos aconsejado por una conocida web de listados de bancos Offshore:

Extracto de una conocida web de Gestiones Offshore.

http://www.offshorebanksdirectory.com/en/offshore-banks/latvia-banks/rietumu-bank/view-details.html

Breves conclusiones:

1. El Network Marketing en sí no es una estafa, pero hay que tener mucho ojo donde meten el dinero.
2. Si lo que desean es ser su propio jefe creen una empresa, y aprendan de sus errores, que los tendrán. Tener una franquicia de lo que sea no es tener tu propia empresa, es trabajar indirectamente para otro, el creador de la franquicia.
3. No hay que confundir el MLM con el sistema de afiliados del que luego hablaremos.
4. Crear una red de distribuidores, vendedores, comisionistas o como quieran llamarlo sigue siendo una magnífica idea, es la mejor forma de expandir el negocio rápidamente, siempre y cuando tomen el camino correcto.
5. La idea de todo Multinivel es aprovechar el esfuerzo y el tiempo de otros en levantar una gran empresa a costes mínimos. De hecho sale muy beneficioso el atraer a muchos a luchar por tu empresa, ya que incluso pagarán una membresía por pertenecer a tu empresa, esta es la magia del multinivel conjuntada con el Marketing de atracción.
6. Prácticamente se puede hacer una empresa multinivel con cualquier servicio o producto; café, oro, grafeno, bitcoins, acciones, comunicaciones, publicidad, nada de nada, etc.. solo hay que invertir en una increíble campaña de escenificación online y organizar algún que otro evento offline.
7. Huya de todo Gurú que le prometa tener la fórmula mágica del éxito, en el negocio multinivel hay mucho fantasma cuyo único interés es …. Adivínenlo… quedarse con su dinero, efectivamente.

2.2.5. EL MAYOR FRAUDE DE LA HISTORIA.

Bernard Madoff fue uno de los principales impulsores del NASDAQ, figura respetada y venerada en el mundo financiero hasta que en el 2009 se destapa el considero mayor fraude financiero de la historia, más de 68.000 dólares se esfumaban ante la perplejidad de todos los que confiaron en su alta rentabilidad anual, un 10%. Y fueron muchos, entidades bancarias de renombre a través de Hedge Founds conocidísimos como Fairfield Sentry, kingate u Optimal Founds Settle, (perteneciente al Banco Santander), particulares por supuesto, y hasta asociaciones ligadas a ONGs.

Durante más de 15 años estuvo amasando una fortuna increíble, siguiendo lo más elemental del esquema Ponzi, conseguir nuevos capitales que pagasen la rentabilidad del 10% al resto. Hasta que en 1999, Harry Markopolos decidió denunciar los hechos a la SEC en Boston.

"Durante un indeterminado periodo de tiempo hasta ahora, [Bernard] Madoff y BMIS [Bernard Madoff Investment Securities] han cometido fraude a través de las actividades de asesoramiento

Madoff, con abrigo negro, a su llegada a una de las sesiones en la Corte Federal en enero de 2009

La denuncia no prosperó hasta 9 años después, y Bernard Madoff cumple hoy una condena de 150 años de cárcel. ¿Hasta aquí la historia? No.

El 11 de Diciembre de 2010, el hijo mayor de Bernard Madoff, Mark, de 46 años, fue encontrado muerto colgado con una correa de perro de una tubería del techo, curiosamente ese día vencía el plazo para liquidar los fondos de Bernard Madoff para indemnizar a las víctimas.

En Junio de 2010 declaró en una entrevista frases tan reveladoras de su personalidad como:

... que no se arrepiente ni siente los daños causados a sus estafados [...] que se jodan mis víctimas [...] eran -sus clientes- avaros y estúpidos [...] fue una pesadilla para mí [...] le habría gustado que le hubieran cogido hace seis u ocho años [...] la prisión es para él una liberación. The New York Magazine 06/06/2010.

http://nymag.com/news/features/berniemadoff-2011-3/

2.2.6. APUESTAS ONLINE.

Para hablar del jugo de apuestas online es necesario hablar de Costa Rica o Malta, ya que los trámites legales en la aprobación de la licencia y los requisitos en ambos Offshore son sencillos de cumplir. Así pues, la mayor parte de las empresas de juegos online tienen su sede en Costa Rica o Malta.

Para Conseguir dicha Licencia de juego en **Costa Rica** es necesario:

- Una Sede física en Costa Rica

- Registro ante las autoridades fiscales - Administración Tributaria.
- Una licencia comercial, que se obtiene de las autoridades del gobierno local como Ayuntamientos.
- En la práctica, no se requiere una licencia de juego en línea, pero se requiere de una licencia comercial que lleva un par de semanas para obtener, tras el registro ante las autoridades fiscales.
- Se debe abrir una cuenta comercial extranjera para las transacciones monetarias.

Debido a la falta de legislación y supervisión de los juegos de azar online, y a que tampoco se realiza ninguna auditoria de control, las empresas establecidas o registradas a través de Costa Rica no están sujetas a supervisión u otras regulaciones a las que muchas compañías extranjeras están sujetas.

Esto también significa que, dado que no hay un órgano encargado de regular los juegos de azar, las empresas se auto regulan y no están obligadas a pagar impuestos de juegos o de apuestas.

Curiosamente Costa Rica prohíbe a sus ciudadanos participar en juegos online. En el caso de **Malta** la autoridad otorgara licencias para operar oficinas de juegos de apuestas para tales personas quienes han demostrado "apropiada habilidad de negocios para conducir oficinas de apuestas exitosas".

Existen 4 tipos de licencias en el estado maltés del juego online:

- Clase 1 – Juegos de Estilo Casino, Loterías y Traga Monedas;
- Clase 2 – Apuestas Deportivas;
- Clase 3 – P2P, Intercambios de Apuestas, Pieles, Torneos y Bingo;
- Clase 4 – Software de proveedores que toman comisión de las apuestas.

Requisitos para el otorgamiento de Licencia de juego en Malta:

1. Perfil detallado de la empresa promotora.
2. Una copia de la última auditoría de cuentas de la compañía promotora, cuando sea aplicable.
3. Un plan de negocios indicando la actividad económica.
4. Un plan de las instalaciones destinadas a ser centro de llamadas.
5. Detalles personales de todos los accionistas que tengan más de un 5% de participación social.

Las actividades de la Compañía de Comercio Internacional están limitadas a las realizadas fuera de Malta estando prohibido a los residentes de Malta colocar apuestas en dichas compañías.

Estas compañías operan en su mayoría desde estos paraísos fiscales no solo por la facilidad para conseguir una licencia de juego (prohibidas en otros países) sino por el halo de protección legal que se les guarda. Un caso sonado fue el de 21kbet.com a la que se le acuso de estafar a más 400 personas y 500.000 euros.

También son conocidas por vetar a ciertos jugadores cuyos índices de ganancias llaman la atención, la banca siempre gana.

Noticia de El mundo sobre el veto a jugadores de éxito en el juego Online.

http://www.elmundo.es/cronica/2015/07/05/5598937a46163f3f648b457c.html

Un negocio online tangencial ha surgido a raíz de la popularidad de las casa de juegos de apuestas Online, y me estoy refiriendo a la **venta de sistemas de ganancias seguras** con diferentes métodos, el más conocido es el de la Martingala con la ruleta. Consiste en jugar con las probabilidades de acierto en pares/impares o rojo/negro, algo que estadísticamente tiene que ocurrir antes o después.

Este "truco" para ganar en la ruleta del casino consiste en ir doblando las apuestas pérdidas hasta que se acierta, de modo que finalmente se obtienen beneficios.

La desventaja de este sistema es que hay que disponer de bastante dinero para soportar la apuesta hasta ganar, ya que de lo contrario podría perder mucho dinero. Deben saber, que muchas casas de Juego son los que ofrecen ocultamente estos sistemas de ganancias seguras, la idea es sumar nuevos apostantes a la web con la idea confiada en que tienen a su disposición el sistema que les garantizará el éxito seguro y pueden apostar sin temor. Insisto, la banca siempre gana.

2.2.7. SISTEMAS DE AFILIADOS.

Un sistema de afiliados es una herramienta de marketing, que sirve para obtener ingresos a través de la publicidad de productos de otras personas. A diferencia del multinivel no hay nadie por encima o por debajo de usted en la red, no se exige cuota de entrada o canon, la relación es directa entre afiliado y empresa con unas condiciones previamente pactadas y aceptadas.

Se trata de una opción muy a tener en cuenta, ya que es la forma más barata de tener todo un ejército de comerciales en la calle por todas las partes del mundo. Cualquiera es susceptible de ser un afiliado de su empresa, promocionar sus productos nunca fue tan fácil y por tanto no debe pasar la oportunidad de crear un sistema de afiliados propio.

Es inevitable hablar de Amazon como perfecto ejemplo de programa de afiliados, no digo que sea el mejor, solo que es un ejemplo perfecto:

Formulario de afiliación a Amazon.

https://afiliados.amazon.es/

El sistema de afiliados supone para una empresa un ahorro de costes enorme, la empresa se ahorra el contratar a miles de comerciales con tan solo utilizar el Outsourcing en todo su esplendor por la módica comisión de un 10%. Tenga en cuenta que cuanto más grande sea la empresa más pequeña será su comisión para afiliados.

En torno a esta idea han surgido empresas que venden programas diseñados en crear sistemas de afiliados para que vd. solo tenga que implementarlo en la web de su empresa.

Pero como llevamos contando en este libro todo tiene su lado oscuro, el sistema de afiliados, como en cualquier cosa digital, es susceptible de ser manipulado a gusto de la empresa ofertante o por los propios usuarios. En este ejemplo dos personas utilizaron algo llamado "cookie stuffing" para sacar dinero de Ebay, unos 28 millones de dólares:

El gran fraude en #eBay gracias al programa de afiliados

 Shawn Hogan y Brian Dunning, dos personas del programa de afiliados de eBay, consiguieron lograron 28 millones de dólares en dos años. Los dos se atribuían unas ventas de las cuales no eran responsables gracias a un sistema de cookies.

http://www.business.com/online-marketing/cookie-stuffing-and-coupon-shopping-hurt-affiliate-marketing-programs/

2.2.8. WEBS DE CONTACTOS.

Este es un asunto que puede ser bastante dañino para los usuarios que no se andan con cuidado, y es así porque en este universo de la estafa online usted puede ser engañado económicamente muchísimas veces pero quizá logre reponerse, pero en este tipo de webs además pueden herir considerablemente sus sentimientos y destruir su vida sentimental para siempre.

Lo primero que llama la atención de este tipo de webs de citas es la supuesta gratuidad inicial, registrarse es gratis en todas las que he visitado, y han sido unas 20. Se han creado webs de contactos de todo tipo, de aventuras extramatrimoniales, de amor incondicional, de sexo puro y duro, de citas verdaderas, etc... Pero si hay algo común en todas ellas, es que en el momento en que el asunto se ponía interesante se debe llevar la mano a la tarjeta de crédito para poder interactuar mínimamente con la parte contraria.

Tras un primer análisis comprobé, como no podía ser de otra forma, que todas tenían su sede social en algún paraíso fiscal, por ejemplo fuegodevida.com tiene su dominio un Holding llamado W&T Holding LTD que se haya en Gibraltar, O por ejemplo citasfurtivas.com con sede en Las Antillas Holandesas también a través de otra empresa tapadera.

Una vez que se paga, los pagos se automatizan, y si desea darlo de baja en cualquier momento, el proceso puede ser engorroso hasta hartar, pues el servicio de atención al cliente es de lo más deficiente que se puede encontrar en internet.

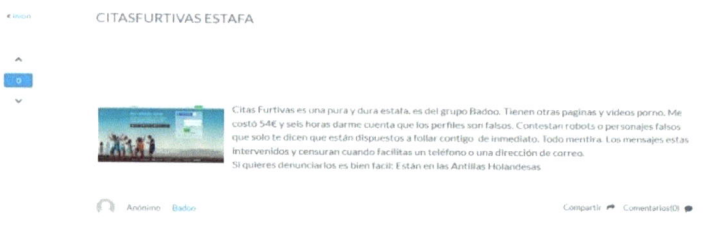

Comentarios de usuarios de una página de contactos.

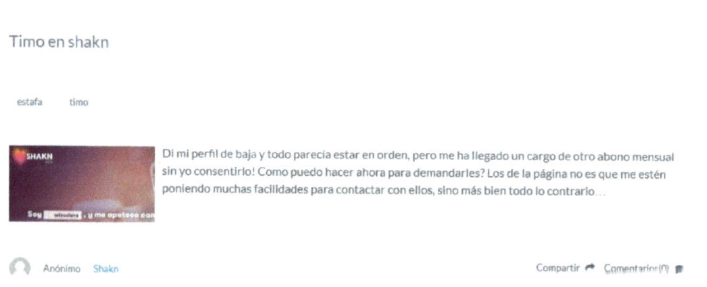

Comentarios de usuarios de una página de contactos.

http://forodating.com/contactos/estafa/

Estas páginas están pensadas y diseñadas para que el usuario que entra y paga no pueda salir con facilidad. Esa es la razón por la que se somete al usuario a un bombardeo constante de SPAM de nuevos contactos que desean fervientemente conocerle y/o tener sexo urgentemente con usted. Además, llegan a ofrecerle Bonus o regalías para que siga enganchado a la página de alguna manera.

La idea es la de sugerir que usted es sexualmente irresistible gracias a esa web de contactos en cuestión y si la abandona volverá a su mísera y solitaria vida. Por si fuera poco la privacidad en estas webs es una fantasía, los mensajes son leídos, analizados y hasta censurados por si contuvieran indicios de algún número de teléfono o dirección con el que poder citarse y conocerse en el mundo real.

Por último, he de comentarles que la cantidad de perfiles falsos que existen en este tipo de webs es enorme, incluso en algunas le responde directamente un robot.

Otro asunto que abordaremos después, cuando tratemos el tema "Hacker", es el del robo masivo de datos que sufrió Ashley Madison de más de 37 millones de usuarios supuestamente infieles. Así que mucho ojo con los datos personales que cuelga en este tipo de webs.

****

PARTE II:

3. INTERNET EN PLENA GUERRA DIGITAL.

Hemos echado un vistazo detrás del telón a parte de los secretos financieros de las empresas y a algunos de los modelos de negocios online de la actualidad, ahora echaremos un vistazo a las bambalinas de las tecnologías que han revolucionado nuestros tiempos, convirtiéndolo en el más social, ilusionante y a su vez más depredador de todos.

La información es poder, y muchas personas y Estados luchan por ese poder, hasta el punto de infringir y cruzar todos los límites de la ley por conseguirla. Además, **la información se compra y se vende**, hackers solitarios y contratados por compañías luchan en todo el mundo por entrar en las bases de datos más complejas y capturar todos los datos posibles por su alto valor en el mercado. Con los datos conseguidos las empresas se aseguran una posición de liderazgo en los mercados gracias al conocimiento de los gustos de sus clientes potenciales además de saber cuál es la tendencia de mercado de sus competidores.

Tal es la guerra por conseguir información de usuarios de páginas web que se rebasan todas las leyes sobre privacidad y protección de datos:

• A través del Ransomware (virus que encripta nuestro sistema), robando información a usuarios y empresas o, en algunas ocasiones, atacando directamente a los bancos. Team Skeet, http://www.teamskeet.com/t1/?nats=MDowOjIy, sitio web de distribución de vídeos pornográficos perteneciente a la red de Paper Street Media, sufrió un ataque en el que le fueron robados los datos de 237.000 usuarios incluyendo sus direcciones físicas; información sensible que se ha puesto a la venta en el mercado negro a un precio desmesurado: 400 dólares por credencial y un total de 95 millones de dólares por todas ellas.

• Otro sonado robo de información de los últimos meses lo ha sufrido la página de contactos beatifulpeople, https://www.beautifulpeople.com/, de la que 1.100.000 usuarios vieron como sus datos quedaban al descubierto.

• También está el caso del fabricante de ordenadores Acer, en cuya tienda online se han robado datos de 34.500 usuarios y han estado comprometidos un año sin haberse percatado hasta ahora. Todos los ataques perpetrados tienen algo en común: una alta cifra a pagar por el rescate de la información robada y cuyo pago no garantiza la recuperación de la totalidad de los datos.

3.1. SOFTWARE GRAN HERMANO: CARNIVORE, ECHELON, PRISM, XKEYSCORE e ICREACH.

Las redes Sociales son un fenómeno imparable, la necesidad de socialización e interrelación humana, sentirse parte de una colectividad, o poner en común sectores de la sociedad que de otra forma hubieran tenido muy complejo encontrarse, son el motor de esta industria que a priori podríamos pensar que es muy beneficiosa para todo el mundo. Y es así, supone la creación de millones de puestos de trabajo, la creación de nuevas profesiones, establecer sinergias laborales, etc.. , sin embargo, también es cierto que supone dejar la puerta abierta a nuestras vidas privadas y al acceso de una cantidad enorme de datos personales que de otra forma hubieran sido muy difíciles de descubrir por las autoridades gubernamentales y/o ciberdelincuentes.

Además, la sobreexposición a las redes sociales acarrea una falta de control sobre nuestros actos, como selfies peligrosos, bulling, acoso social, robo de identidades, etc... No obstante las redes sociales son un espejo de la sociedad en la que vivimos, una sociedad globalizada.

El cuerpo de la joven fue encontrado sin vida a unos metros de su casa de Queens, después de que la joven saliera a correr por el parque Spring Creek de Nueva York.

http://ahoramismo.com/noticias/2016/09/karina-vetrano-video-camara-vigilancia-muestra-momentos-antes-ser-asesinada-howard-beach-corriendo-violada/

Las redes sociales son el medio preferido de ciertos grupos de delincuentes para atraer a afines de su causa a individuos susceptibles de ser captados en todas las partes del mundo, y por ende, han permitido universalizar el terrorismo, lo que ha servido de excusa perfecta al FBI y la NSA para explicar porque llevan años espiando todo lo que se dice y se opina por estos medios.

El gran Hermano de Orwell en "1984" ya está en marcha desde hace años. Se llaman CARNIVORE, ECHELON, PRISM, XKEYSCORE e ICREACH.

Los programas CARNIVORE, ECHELON o PRISM se descubrieron hace relativamente pocos años, son similares en su objetivo: Analizar, monitorizar y encontrar patrones delictivos en internet. XKEYSCORE fue revelado por Edward Snowden e ICREACH es mucho más reciente.

- CARNIVORE: Software creado por el FBI que se instala en los proveedores de servicios de Internet que rastrea todo lo que hace el usuario en internet. El cómo realiza este análisis, su infraestructura y alcance real, es algo que permanece secreto.
- ECHELON: Software creado por la NSA que es considerado el mayor programa de espionaje del mundo. Su existencia fue desmentida durante años y corroborada en 2001 por EE.UU, aunque lo hizo oficial hasta 2015. Se calcula que puede capturar más de cuatro mil millones de comunicaciones al día por radio y por satélite, ECHELON, llamadas de teléfono, faxes y correos electrónicos en todo el mundo e incluye análisis automático y clasificación de las interceptaciones.

4.000.000.000 x dia = 1.460.000.000.000 al año.

• PRISM: Se descubrió en 2013 aunque lleva operando desde 2007 que se sepa, pertenece también a la NSA, y se encarga de la vigilancia y captura de los datos de compañías como Google, Apple, Facebook, Microsoft, Yahoo o Dropbox. Las siguientes imágenes conseguidas de PRISM se pueden considerar secretas:

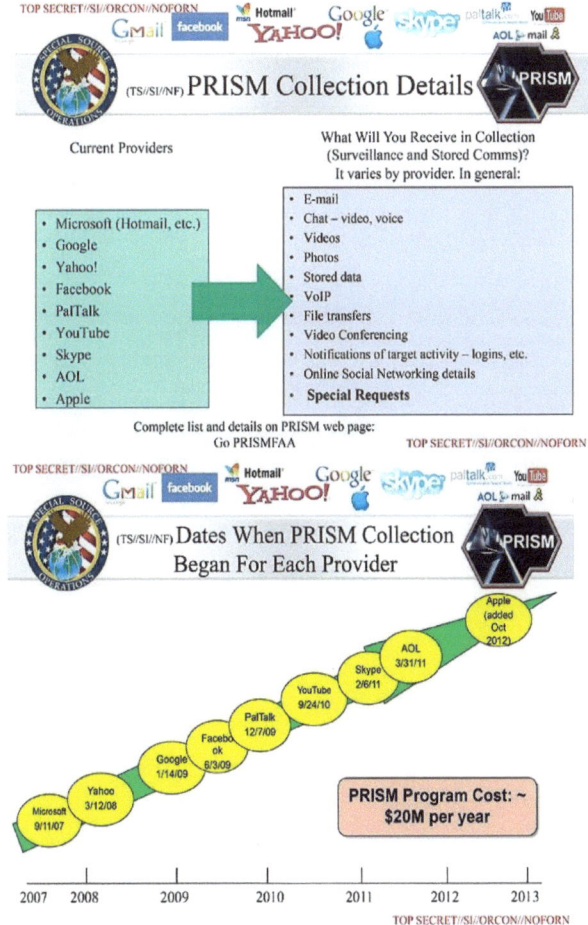

Evolución temporal de la capacidad de espionaje de datos de PRISM. Detalle de los tipos de datos que PRISM es capaz de espiar.

• XKEYSCORE: El programa que desveló Edward Snowden, y que le costó la acusación de traición por parte del gobierno estadounidense. Se trata de un software que monitorea en TIEMPO REAL, todos nuestros correos, SMS, y Redes Sociales entre otros. El programa se ejecuta en forma conjunta con otros organismos internacionales como la Dirección de Señales de Defensa de Australia, y la Oficina de Seguridad de Comunicaciones del Gobierno de Nueva Zelanda.

El programa busca dar mayor utilidad e inteligencia a las redes de computadoras, en lo que la NSA llama *Digital Network Intelligence (DNI)*. El propósito es permitir a los analistas buscar metadatos, contenidos de los correos electrónicos, historial de navegación, nombres, números de teléfono, direcciones IP, idioma y ciertas palabras claves de cualquier actividad que se haya realizado en Internet.

http://www.genbeta.com/actualidad/xkeyscore-el-programa-que-usa-la-nsa-para-recoger-y-almacenar-masivamente-informacion

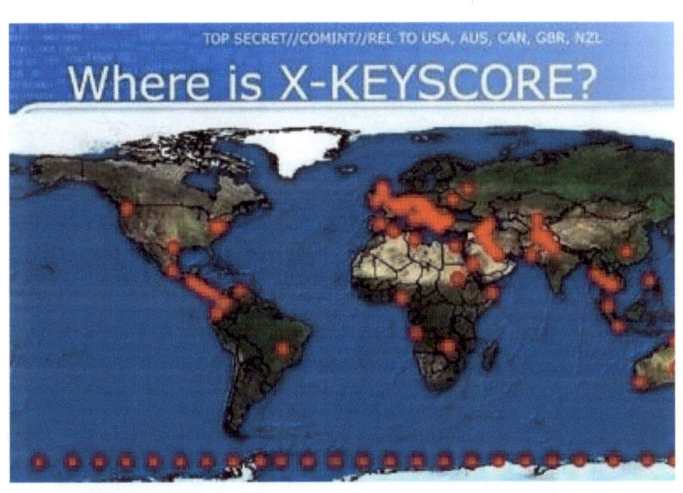

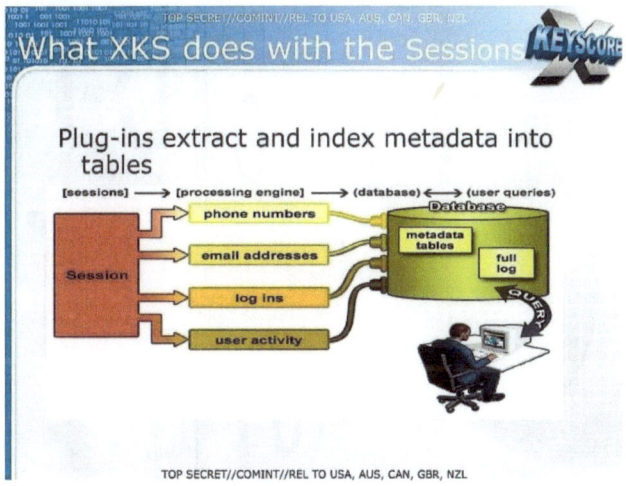

Detalle del funcionamiento del análisis de metadatos de XKEYSCORE.

• ICREACH: Se trata del último invento de la NSA para rastrear metadatos en internet, el programa es potentisimo, es capaz de analizar millones de registros en segundos, llamadas, SMS, imágenes, videos, nada escapa a la potencia de este novedoso buscador. Mas adelante profundizaremos un poco mas. Un dato; en 2007 ya espiaba mas de 711 billones de llamadas, repito, Billones.

¿Aun sigue pensando que puede restringir su privacidad en Facebook? O que ¿Nadie puede entrar en su correo electrónico? Créame, nada de lo que escriba, diga o haga en un ordenador, tablet o Smartphone es secreto o privado.

http://www.elmundo.es/tecnologia/2014/08/26/53fc77f7e2704e3d3c8b457d.html

Representación gráfica del funcionamiento del programa.

3.2. DEEP WEB.

La privacidad es un derecho fundamental que se encuentra recogido en la declaración universal de derechos humanos, sin embargo es uno de los más vulnerados por gobiernos y entidades con altos niveles de autoritarismo y fuertes medidas de represión. La Deep web es básicamente eso, un intento de privacidad real en internet.

Ya es muy popular la conocida como internet profunda, pero para aquellos que todavía no se han enterado de que existe un internet mucho más grande y menos accesible que la se conoce por el resto de los mortales les explico que es y cómo funciona a grandes rasgos.

La imagen más conocida para explicar este inframundo y ver cual gigantesco es la Deep web sería:

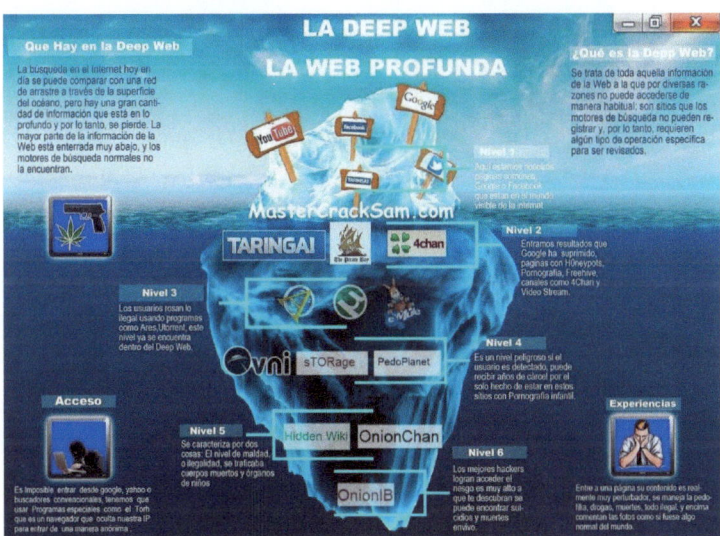

Niveles de profundidad en la deep web.

En la Deep Web se encuentra todo el contenido no indexado por los buscadores tradicionales como Google, Bing, Yahoo, Etc.. y para acceder a ella se utiliza un programa llamado TOR que encripta anónimamente nuestra conexión mediante unas direcciones de servidores llamados Onion.

Como ejemplo http://sinbox4irsyaauzo.onion/ es la dirección Onion de Sinbox, un correo electrónico que no utiliza javascript ni almacena cookies en el navegador, además toda la información entre remitente y destinatario viaja cifrada.

La Deep web es otro universo, un espacio donde nada está censurado y se puede encontrar literalmente DE TODO, tanto bueno como malo. Otro ejemplo: La Deep Web tiene su propia red social, se llama Galaxy2, su dirección Onion es http://w363zoq3ylux5rf5.onion/

La Deep Web se subdivide en niveles o capas a la que acceder es cada vez más complicado cuanto más profunda y secreta sea la búsqueda. Ahí se pueden encontrar de todo, desde cosas tan suaves como bases de datos P2P para el intercambio de archivos, debates políticos, recetas de cocina, foros de temática OVNI, a cosas muy duras como la contratación de Hackers, compraventa de armas, compraventa de drogas, e incluso documentos secretos del gobierno ya en niveles muy profundos, etc....

Por último deban saber que la Deep Web no es bonita, está diseñada para ser usada anónimamente, y su peso debe ser ligero, pues navegar por ella es más lento debido al tipo de conexión anónima cifrada entre pares de ordenadores hasta llegar a su destinatario.

3.3.1. TOR. (https://www.torproject.org/)

Aunque existen otra redes de internet basadas en el anonimato y la privacidad como FreeNet (https://freenetproject.org/), o I2P (https://geti2p.net/es/), nos basaremos en TOR, por ser la más conocida entre las desconocidas.

Según la web gizmodo (http://es.gizmodo.com/):

: "...Tor es una red que se gestiona desde su propio paquete de software, y que permite acceder a Internet de forma anónima. Más concretamente, Tor oculta el origen y destino del tráfico de Internet, haciendo que otros no puedan averiguar tan fácilmente quién eres y qué estás viendo online. Tor también oculta el destino del tráfico. Esto quiere decir que permite saltarse ciertas formas de censura que se practican en algunos países. Tor ha estado en desarrollo durante muchos años, y ya es un producto maduro y estable. Además, es gratuito."

"....El uso de Tor evita que rastreadores de terceros puedan recopilar datos de navegación para que empresas o gobiernos te envíen publicidad. Finalmente, Tor ofrece cierta protección contra el rastreo por parte de herramientas de hacking, y permite saltarse cortafuegos, barreras y censura del centro desde el que te conectas o proveniente del gobierno de tu país."

Para usar TOR es recomendable usar el "TOR Browser Bundle" (https://www.torproject.org/download/download-easy.html.en), que incorpora una serie de herramientas adicionales para garantizar su anonimato en la Deep Web. Yo además les recomendaría que usaran un virtual box como el de Oracle por ejemplo. Edward Snowden va un paso más allá y utiliza Tails. https://tails.boum.org/

 Tails, el OS anónimo, en USB y gratuito que utiliza Edward Snowden

Se llama Tails y es un sistema operativo basado en una versión de Linux que no solo es seguro y...

Seguir leyendo

Pendrive en el que incluye de todo para una conexión segura.

Y es que el gobierno estadounidense y otros países se toman este asunto muy en serio como lo demuestran estos documentos secretos:

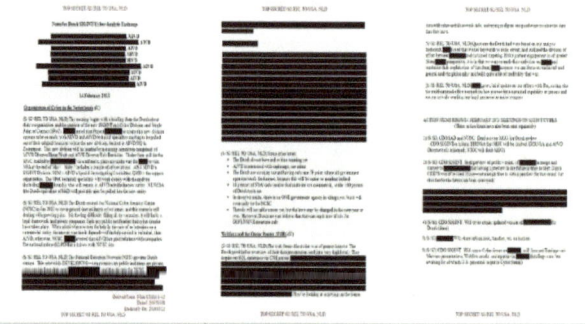

La Deep web es una preocupación para el gobierno estadounidense.

Debe tener en cuenta que incluso así, usando TOR, su conexión no será del todo seguro y anónima, TOR no es infalible y podría quedar expuesto en cualquier momento.

Por último, le presento lo mas reciente en navegadores anónimos, muchos dicen que será la próxima generación que sustituirá a TOR, se llama Vuvuzela, igual que la trompeta que se hizo famosa en el mundial de Sudáfrica, y es que al igual que dicho instrumento se trata de un sistema de navegación anónima que produce muchas señales de identificación online para un mismo mensaje de usuario haciendo imposible distinguir entre el verdadero emisor y losa falsos creados por Vuvuzela.

Cuando el mensaje llega a sus destino éste emite de nuevo un montón de señales de recepción falsas en diferentes lugares del mundo, lo cual hace prácticamente imposible averiguar emisor y receptor. La única pega es la lentitud del servicio, 44 segundos de latencia en la época actual de la fibra es una barbaridad, aunque sus creadores creen que pronto se solucionará.

3.3.2. SILK ROAD.

No se puede escribir de la Deep Web ni de TOR sin hablar del caso de Silk Road, el mayor mercado negro online de la historia. Suponía la libertad absoluta de compraventa de todo lo que no se podía comprar de forma legal y abierta; drogas, armamento, servicios de Hacking, equipamiento informático, Medicinas sin receta, pero también libros, música, artículos de jardinería, etc ... y todo con el Bitcoin como moneda de cambio, de la que hablaremos a continuación.

Silk Road era más que una web para el mundo informático de la libertad total en internet, era un símbolo, la representación de lo que se podía llegar a conseguir online dentro de la impunidad de la privacidad y el secretismo que imperaba en la Deep Web.

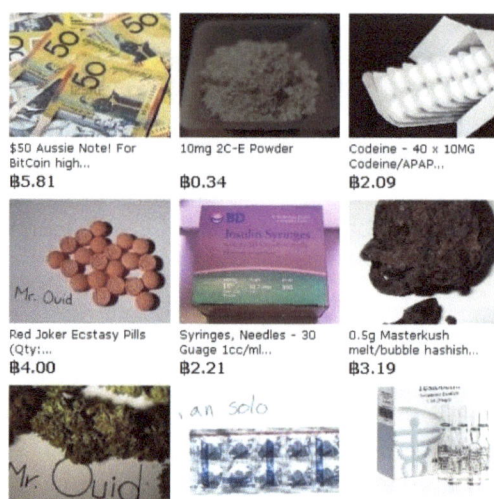

Silk Road es así, un mercado donde encontrar de todo.

Con el arresto de Ross William Ulbricht, supuesto creador e Silk Road, que actuaba con el seudónimo de "pirate Dread", el FBI canceló la página y creyó haber puesto fin a esta web, sin embargo reapareció, y surgieron otras de características similares como "Pandora Open Market", cuya filosofía sigue siendo la misma: libertad y anonimato para la compraventa de lo que se quiera.

Sin embargo, Silk road ha resurgido, esta es su nueva dirección, (recuerda que para acceder a este link debes usar TOR) ya que es una dirección .onion: http://reloadedudjtjvxr.onion

Noticia de la condena a Ross Ulbricht.

En el caso de Ulbricht, al igual que en el de Aaron Swartz, el FBI quiso dar un condena ejemplar, un toque a navegantes "castigaremos duramente a cualquiera que se sienta omnipotente delante de un ordenador", pero en mi opinión solo han demostrado temor, temor a una tecnología que avanza más rápido que los fijos pilares de la Administración.

3.3.3. LA HIDDEN WIKI. https://thehiddenwiki.org/

Es una web que contiene directorios Onion dentro de la Deep Web, sirve como primera guía de enlaces dentro de la Deep Web. Es recomendable para cualquier novato iniciarse en ese gigantesco inframundo clicando sobre los enlaces que recomienda para ir cogiendo soltura con los dominios .onion, que sustituyen a los .com.

No obstante hay que tener mucho cuidado donde se clica, las .onion pueden llevarte a lugares indeseables e incluso peligrosos de ahí que tomemos todas las precauciones posibles.

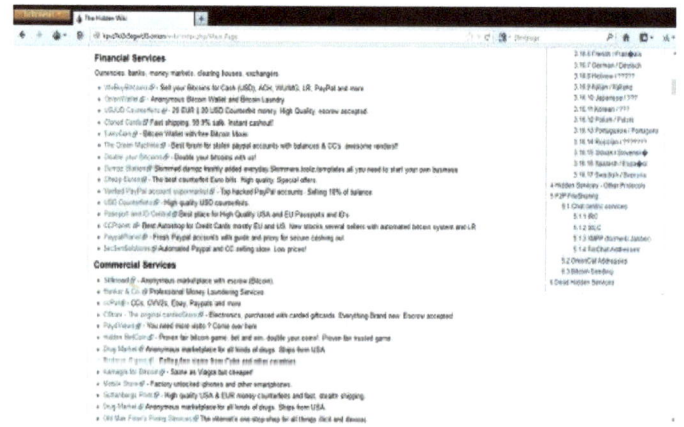

Aspecto espartano de la Hidden Wiki. Enlaces y más enlaces.

3.3. CRIPTOMONEDAS.

3.3.1 INTRODUCCION.

No navegamos en una web libre, los innumerables problemas de espionaje, nuestra falta de privacidad ya demostrada anteriormente, y los grandes monopolios empresariales que buscan manejar que vemos y como lo vemos, son el motivo por los que se crearon las criptomonedas. La idea es lanzar algo que escape al control financiero mundial y que mantenga el anonimato del tenedor de la criptomoneda.

La historia de la criptomoneda es sencilla, pero no voy a detenerme demasiado en eso, simplemente reseñar que se trata de una historia de fracasos como Litecoin, Ripple, Onecoin (que ahora se ha demostrado que fue un fraude mas), y de éxitos como Namecoin o Bitcoin, cuyo algoritmo de cadena de bloques (block chain) hasta ahora está siendo un éxito y del que hablaremos a continuación.

Sin embargo, estamos todavía en los comienzos de esta revolución criptomonetaria, y eso es aprovechado por muchas start-ups para lanzar sus estafas piramidales poniendo como excusa el éxito del Bitcoin y sabedores de la ignorancia general de la mayoría del funcionamiento de la criptomoneda, como es el caso de Coinspace (reciente) o Paymony, de la que ya hemos hablado, amparándose en la impunidad que reina en la ciberdelincuencia empresarial en internet.

La criptomoneda tiene futuro, sin embargo, debe desconfiar de cualquier negocio de minería que le ofrezca el alquiler de un aparato virtual de minería , no tiene sentido... Si puede alquilarlo significa que tiene dinero para minar criptomedas por usted mismo, además, no vale cualquier criptomoneda minada.

3.3.2. BITCOIN.

Creo firmemente que el Bitcoin ha nacido para quedarse, a pesar que es continuamente relacionada con la financiación de grupos organizados de la delincuencia a través del blanqueo de capitales, precisamente por la no intervención de ningún Estado en la fluctuación de la divisa, al no ser una moneda física y no pertenecer a ningún país en concreto.

Esto ha generado un profundo debate en muchos sectores del poder político y económico, por ejemplo Bolivia, India, Islandia, Tailandia, Ecuador, Bangladesh y Rusia más recientemente prohibieron su utilización.

Aunque aún no reemplazará a las monedas tradicionales, está claro que su uso se está expandiendo, tanto es así que recientemente Hacienda ya está reclamando a los tenedores de Bitcoins que éstos se incorporen a la declaración, aunque aún no se sabe en concepto de qué.

Otro ejemplo es el de empresas que están creando incluso tarjetas de crédito y débito con Bitcoins. De hecho se está generando todo un inmenso mercado alrededor del Bitcoin, y es debido principalmente a la solidez de su algoritmo, la conocida como "cadena de bloques" o Blockchain. Se trata sin duda de un auténtico Tsunami financiero que acabará por arrasar dentro de unos años. Conviene estar bien posicionados para entonces.

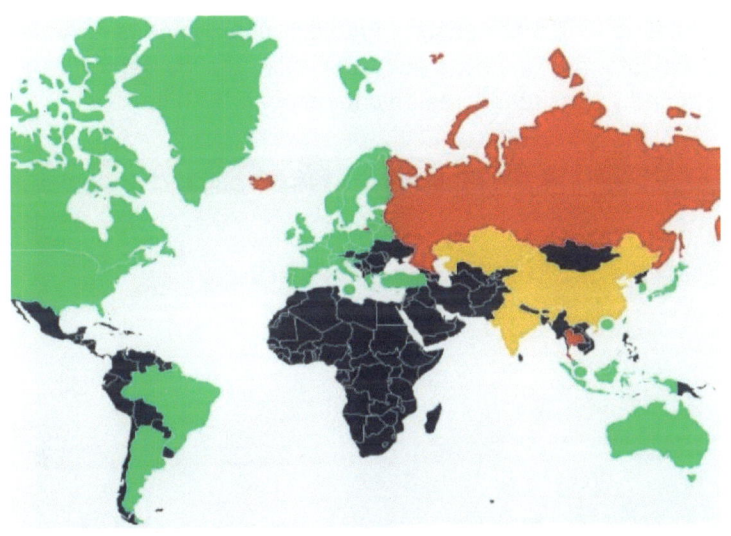

Mapa de la regulación de uso del Bitcoin. Rojo= Prohibido, Verde= Permitido, Naranja= En estudio o trámite.

Un caso especial es el de Bangladesh cuyo Banco Central prohibió la utilización del Bitcoin por (cito textualmente) "la falta de un sistema de pago central que podría llevar a la gente a ser perjudicada financieramente". Poco tiempo después el Banco sufrió el mayor robo digital de la historia por parte de algunos hackers, casi 1000 millones desaparecieron en pocos minutos.

A los bancos no les gusta el Bitcoin, eso es normal, se escapa a su control, no es tangible y por tanto nunca permitirán que la sociedad posea una moneda con la que comerciar con bienes y servicios que no puedan guardar en cajas de seguridad, eso destruiría su modelo de negocio principal. Así que para destruir el Bitcoin, ya que no pueden acabar con internet, lo lógico es pensar en realizar una campaña enorme de desinformación-desacreditación que infunda temor a la sociedad y a los tenedores de criptomonedas en general.

Cajero para recargar Bitcoins en tu Wallet o Monedero electrónico.

Características del Bitcoin que lo hacen único:

• Son finitos: solo se fabricarán 21 Millones de bitcoins, por tanto la inflación está controlada.
• No son censurables, es decir, una transacción válida nunca puede ser prohibida.
• Son de código abierto.

- No son regulados por ningún gobierno y por tanto cualquiera puede participar en el fortalecimiento de la red de Bitcoins.
- No hace falta identificación.
- Las transacciones de Bitcoins son irreversibles.

Para conseguir Bitcoins puedes comprarlos o minarlos, minar es poner tu ordenador u ordenadores a disposición de la red Bitcoins y de vez en cuando se te recompensaran con fracciones de Bitcoins. Pero minar es algo realmente poco rentable, por no decir casi baldío si no dispone de una red extensa de ordenadores superpotentes minando a tiempo completo.

Por lo demás funciona como cualquier otra moneda, los Bitcoins se guardan en monederos virtuales, se pueden hacer compras, transferencias, etc.. y todo bajo el más estricto anonimato.

Pero, tal y como insistimos en este libro, todo tiene su otra cara de la moneda, nunca mejor dicho. Su falta de regulación es su bendición y su maldición al mismo tiempo. El Bitcoin es la moneda preferida para pagar en la Deep Web y supone un auténtico quebradero de cabeza para las autoridades perseguir a ciberdelincuentes, de ahí que todavía no cuente con el beneplácito de algunas instituciones relevantes.

Además muchos Hackers están aprovechando las lagunas legales en esta materia para entrar en los ordenadores personales y robar Bitcoins. La víctima tiene casi imposible demostrar tales hechos ante la policía.

Pero sin duda el mayor descrédito que sufrió la famosa criptomoneda fue la noticia de la detención del creador de la empresa MT GOX, Mark Karpeles, hasta 2014 la mayor plataforma de intercambio de Bitcoins del mundo. 850.000 Bitcoins desaparecieron de la noche a la mañana, lo que al cambio de hoy 11 de Agosto de 2016, son 504.050.000 millones de euros.

Mt gox: https://mtgox.com es su link oficial aunque ahora este cerrado, en su lugar pondremos el de la plataforma de afectados: http://afectadosmtgox.blogspot.com.es/

Arrestado por fraude el fundador del gigante del bitcoin, Mt. Gox

La policia japonesa cree que Mark Karpeles pudo manipular el sistema y provocar la pérdida de 850.000 bitcoin

Estafadores digitales existen en todos los modelos de negocios, es inherente al ser humano.

http://www.economiadigital.es/es/notices/2015/08/p-margin-bottom-0.21cm-arrestado-por-fraude-el-fundador-del-gigante-del-bitcoin-mt.-gox-74802.php

3.3.2. COINSPACE http://coinspace.eu/

El caso de Coinspace, al que ya hemos hecho alusión en varios apartados de este libro, es una muestra palpable de todo lo que llevamos demostrando. Al igual que Paymony o Unetenet, lo que se promete en todo momento es .. nada. Veamos cómo funciona con más detenimiento este nuevo HYIP actual: Se trata de una empresa que se dedica al alquiler virtual de ordenadores que se encargan, se supone, de minar Bitcoins por el que se le recompensa en forma de Scoins, la moneda propia de la empresa Coinspace (Ver diapositiva posterior de la empresa). Según el paquete de membresía que vd. compre podrá minar más monedas virtuales y por tanto ganar más. Hay una condición; esperar al lanzamiento de Coinspace en Octubre para conseguir más dinero por sus Scoins.

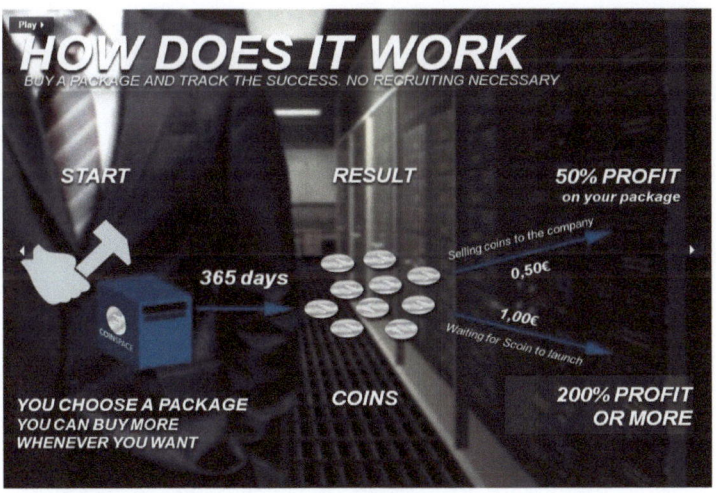

Diapositiva de la empresa Coinspace presentando su negocio.

En definitiva, en cuanto la empresa decida que no va a regalar más Scoins o que ya ha conseguido suficientes membresías de incautos que creen que han alquilado un ordenador en no se sabe dónde (Islandia, China…) y que están recibiendo un dinero virtual que no sirve para nada, pues adiós. Acto seguido retirarán sus fondos guardados en Malta, donde tiene su domicilio fiscal Coinspace, y lo llevarán a otro paraíso fiscal, donde idearán otro timo online.

En Youtube se está llevando a cabo una campaña de promoción enorme, conocedores de la fuerza de convicción de un video, a los mensajes de información de la compañía hay que sumar los videos de personas con claros intereses en la empresa que intenten persuadir que no se trata de ninguna empresa con esquema Ponzi, y por tanto todo es supuestamente legal, y tiene efecto, muchas personas continúan cayendo en manos de estos "empresarios" de la estafa, y todo a pesar de los muchos casos parecidos de estafa piramidal a Coinspace que han surgido solo hace dos años y cuyas consecuencias arrastran a miles de personas todavía.

Muestra de cómo será de rentable la empresa en el futuro. Ellos ya lo saben.

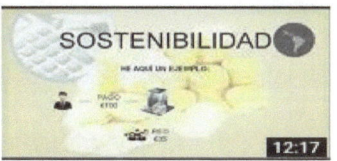
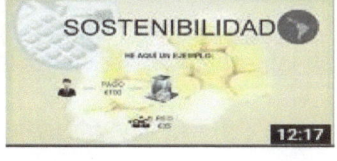

Campaña publicitaria enorme de Coinspace en Youtube.

Y ¿saben qué? Ojalá me equivoque. Ojalá estas personas tengan el éxito soñado y ganen 10.000 euros al día como promete Coinspace. Ojalá pueda escribir pidiéndoles disculpas de lanzar una compañía de criptomonedas con buenos resultados, porque soy un firme defensor del Bitcoin. Pero creo que tristemente veremos otra caída de naipes por parte de otro cabrón digital y creo que no tardaremos mucho. Internet sigue siendo la plataforma perfecta para este tipo de negocios bufo, y lo seguirá siendo por muchos años.

3.4. HACKERS/CRACKERS.

Hay una diferencia sustancial entre estos dos términos, el primero "Hacker" hace referencia a un especialista en informática que busca las vulnerabilidades de cualquier programación para mejorarla, el segundo "Cracker" busca también esas vulnerabilidades pero con intenciones de lucro personal o simplemente hacer daño.

3.4.1. ANONYMOUS. http://anonofficial.com/

Se está librando una guerra invisible, una guerra digital, uno de los bandos, el más inmovilista, cree que el establecer controles a todo lo digital protege los estilos de vida actuales, empresas monopolio, gobiernos, Instituciones, etc... el otro bando cree que intentar establecer controles a toda la revolución digital, va en contra de la libertad del individuo y la independencia de internet, informáticos de alto nivel, intelectuales, escritores, etc..

El movimiento Anonymous nace para ir en contra del orden establecido por ciertas organizaciones gubernamentales, Monopolistas, autócratas, sectarias o incluso terroristas como Daesh. No poseen líderes visibles, son una organización descentralizada, de ahí su bandera con el hombre sin cabeza.

Bandera de Anonymous.

Máximos exponentes del llamado Hacktivismo, su pertenencia es voluntaria y su ideología se asemeja al movimiento anarquista.

Anonymous ha sido bloqueado varias redes sociales, así el 9 de diciembre de 2010 Twitter canceló la cuenta de Anonymous , tras ese suceso, Facebook eliminó la página de *Operation Payback* (Operación venganza en contra de las compañías que atacaban Wikileaks) en lo que ya se considera por parte de miembros de Anonymous como una guerra digital para proteger la libertad de información. Y en abril de 2011 el portal de vídeos YouTube comenzó a borrar vídeos subidos por cuentas de Anonymous.

≡ **EL PAÍS**

AVANCE   Todo lo que necesitas saber sobre la operación salida del puente de agosto ›

Facebook cierra la cuenta del grupo de ciberactivistas defensores de Wikileaks

La red social se une a Twitter y elimina el perfil de Anonymous. El grupo planea más acometidas contra las empresas que intentan marginar a la web de Assange tras la masiva filtración de documentos de la diplomacia de EE UU.- "Es una guerra digital para proteger la libertad en internet", indica un pirata informático

Noticia del cierre de algunas redes sociales a Anonymous.

http://internacional.elpais.com/internacional/2010/12/09/actualidad/1291849211_850215.html

Sus acciones protesta son muy conocidas por todo el mundo, aunque existe cierto silencio por parte de algunos medios de comunicación, es imposible obviar ciertos hechos como como por ejemplo:

- El grupo Anonymous tumbó la web de la policía Nacional el 12 de Junio de 2011 tras la detención de 3 de sus miembros en España, curiosamente días después de producirse el famoso Movimiento 15M que sorprendió al poder político español al iniciarse un movimiento ciudadano proactivo que supuso un punto de inflexión en la protesta y propuesta de la sociedad civil.

Noticia de la detención de un supuesto lider de Anonymous.

http://www.masvoces.org/El-escandalo-de-la-detencion-de

- A finales de 2010, Wikileaks filtró documentos diplomáticos de los Estados Unidos. Anonymous apoyó dicha causa y lanzó ataques DDoS contra Amazon, Paypal, Mastercard, Visa y el Banco Suizo PostFinance por el bloqueo económico a Wikileaks. Debido a los ataques, las páginas de MasterCard y Visa no fueron accesibles el día 8 de diciembre.
- El 5 de Abril de 2011 el grupo hacktivista atacó la web de Sony en respuesta a la denuncia de la multinacional en contra de usuarios que piratearon la playstation PS3, asi

como la web del bufete de abogados Kilpatrick Townsend que representaba a Sony.

- En 2012 el FBI provocó el cierre de Megaupload, el famoso sitio web de descargas. En respuesta Anonymous atacó el Departamento de Justicia y la multinacional Universal Music Group. Dias después Anonymous consiguió casi la totalidad de las canciones de Sony Music y las puso en descarga gratuita.

Ataque informático DDoS.

- En España Anonymous atacó la web de la SGAE (Sociedad General de derechos de autor), la web del Senado y la del PP (Partido Popular) en respuesta a la Ley SINDE y la Ley SOPA (Stop Online Piracy Act). Unos meses después, la sede de la SGAE es registrada y su cúpula detenida, acusada de desviar fondos y otros delitos societarios.

S.O.P.A es retirada y empieza la World War Web

Video en Youtube donde Anonymous declara acciones contra la ley SOPA. La guerra continúa.

https://www.youtube.com/watch?v=6h4TT9EQE3E

3.4.2. LA NSA.

Emblema de la NSA.

La agencia de seguridad norteamericana recluta a hackers por todo el mundo, pero no cuelga ofertas de empleo del estilo "SE BUSCA…" sino que no duda en utilizar las redes sociales, así, en 2014, la NSA colgó en su cuenta de twitter el siguiente mensaje:

Twitter misterioso de la NSA buscando genios de la criptografía.

https://twitter.com/NSACareers

Lo que en un principio parecía un mensaje de tecleo aleatorio pronto se descubrió que en realidad se trataba de un problema matemático complejo para ser desenmarañado por las mejores mentes matemáticas del planeta.

Quien reveló el misterio fue el sitio web www.businessinsider.com. El cual reveló un aviso para reclutar a profesionales en sus filas: **"Want to know what it takes to work at NSA? Check back each Monday in May as we explore careers essential to protecting our nation"**, es el contenido del mensaje cifrado.

Rob Joyce es el jefe de los hackers de la NSA, es paradójicamente uno de los mejores conferenciantes sobre seguridad cibernética, afirma que una de sus mayores preocupaciones es el llamado **internet de las cosas**, es decir, aparatos conectados a internet sin la protección adecuada, como marcapasos, domótica del hogar moderna como los aires acondicionados, incluso los sistema de vuelos de los aviones o más recientemente los coches autotripulados como los Tesla. Pero sin duda, lo más aterrador es el revelador informe interno que afirma que muchas instalaciones de energía y armas nucleares no están adecuadamente protegidas contra los ataques informáticos.

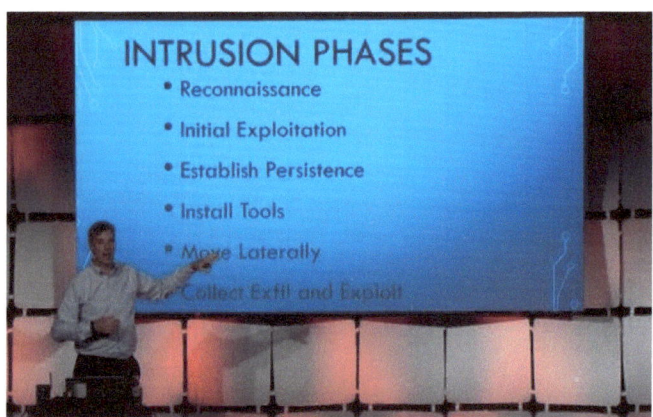

Rob Joyce, Director de la NSA en una conferencia.

Por tanto, hay que distinguir entre diferentes tipos de hackers, ya que no todos los hackers pertenecen a Anonymous como se hace creer, ni mucho menos, en realidad la mayoría trabajan para la Administración Central del Gobierno, y además poseen los mejores recursos, por tanto llevan a cabo ataques igualmente, algunas veces para probar sus propias vulnerabilidades. Así por ejemplo:

• En febrero de 2015 se informó del hackeo de la red interna de Gemalto, el proveedor más grande del mundo de tarjetas SIM para celulares. De acuerdo a The Intercept, hackers del gobierno de los Estados Unidos habrían jugado un papel fundamental en proporcionar millones de claves de cifrado, que son utilizadas para proteger la privacidad de las comunicaciones, a **XKeyscore,** de la que ya hemos hablado anteriormente.

https://theintercept.com/2015/07/01/nsas-google-worlds-private-communications/

• Mas recientemente hemos contemplado el hackeo de la cuenta de correo de Hillary Clinton, hdr22@clintonemail.com, aspirante a presidenta de EE.UU. de la que la candidata acusa a Rusia, algo bastante grave pues en ellos podría hallarse informacion muy sensible.

• La NSA a su vez ha puesto el ojo en TOR. Es uno de sus grandes objetivos, si descifra TOR habrá logrado ganar un buen trozo de terreno en esta guerra digital. En TOR se mueven muchisimos millones de dolares en forma de Bitcoins, y va subiendo en progresión aritmética.

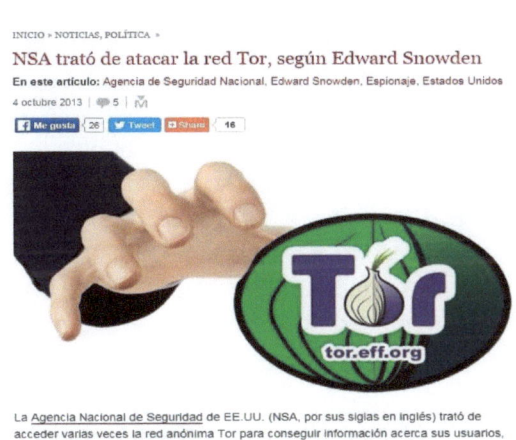

Noticia del ataque de la NSA a TOR en un intento de vigilar todo en la deep web.

- En 2013 supimos de la existencia de una red de hackeo de telefonos moviles a dirigentes mundiales por parte de la NSA, lo que causó un escandalo diplomático en la Administracion Obama a nivel internacional.

≡ **EL PAÍS** INTERNACIONAL

ESPAÑA AMERICA BRASIL CATALUÑA

EUROPA EE UU MÉXICO AMÉRICA LATINA ORIENTE PRÓXIMO ASIA ÁFRICA FOTOS OPINIÓN BLOGS TITULARES »

ESCÁNDALO DEL CIBERESPIONAJE ›

Estados Unidos espió los teléfonos móviles de 35 líderes mundiales

El diario británico 'The Guardian' revela que la NSA intervino 200 números de teléfono de jefes de Estado y de Gobierno

Noticia del espionaje diplomático de los EE.UU.

http://internacional.elpais.com/internacional/2013/10/24/actualidad/1382640063_178177.html

Por tanto la NSA en cooperacion con el FBI, la CIA e incluso la DEA, desean que todo el flujo de metadatos digitales que circulan por el ciberespacio sean convenientemente espiados y clasificados en orden de prioridad según el algoritmo interno de alguno de sus superordenadores cuanticos. Y asi nace el proyecto **ICREACH,** todavia en sus inicios, cuyo nivel de rastreo es simplemente espectacular, **850.000 millones de registros** de sus llamadas telefónicas, correos electrónicos, datos de telefonía móvil y chats de Internet.

Según se desprende de los documentos secretos ahora publicados, la información compartida a través de ICREACH "se puede utilizar para rastrear los movimientos de las personas, trazar sus redes de relaciones, ayudar a predecir las acciones futuras, y, potencialmente, revelar afiliaciones religiosas o creencias políticas".

ICREACH cuenta con un interfaz de búsqueda simple, "al estilo Google", para permitir a los agentes y analistas filtrar entre los metadatos almacenados. La herramienta devuelve una página de resultados que muestra, por ejemplo, la lista de las llamadas telefónicas realizadas y recibidas por un sospechoso sobre un período de un mes.

Imagen de ICREACH simulando a Google.

http://www.genbeta.com/actualidad/icreach-el-google-de-la-nsa-y-mas-agencias

Aunque es evidente que la NSA tiene aun sus debilidades, como hemos dicho, por ejemplo, tienen muchas dificultades para descifrar los mensajes enviados por servicios como **Zoho,** https://www.zoho.com/ o para monitorizar los usuarios de **Tor.**

La NSA no ha logrado romper ninguno de los protocolos usados por RedPhone, y Signal, aplicaciones para Android y iPhone que al parecer protegen bien las comunicaciones. Como curiosidad, cuando Whatsapp integró cifrado de extremo a extremo lo hizo con los desarrolladores de RedPhone y con un protocolo similar a OTR, así que puede que este sea otro servicio a prueba de NSA.

APP de Red Phone:

https://play.google.com/store/apps/details?id=com.little bytesofpi.linphonesip&hl=es

El Programa de 1991 PGP "Pretty Good Privacy" que sirve para cifrar archivos y correos, sigue siendo un rompedero de cabeza indescifrable para la NSA. http://www.pgpi.org/

Sin embargo otras cosas que damos por seguras y privadas no los son en absoluto para la NSA, por ejemplo las conexiones HTTPS, VPNs e incluso SSH. Los Hackers de la NSA pueden llegar a descifrar más de 50 millones de conexiones HTTPS al día, gracias a herramientas como Heartbleed http://heartbleed.com/. Así que si piensa que cuando está dentro de su banca online, y se encuentra a salvo de vigilancia no es así, ni siquiera cuando usa la herramienta "https everywhere",

HTTPS Everywhere ya no es seguro, tenga cuidado al usarla.

https://www.eff.org/https-everywhere

Las redes privadas VPN no se libran del gran ojo de Sauron y recientemente se ha descubierto que la NSA es capaz de descifrar el 50% de las conexiones **VPN** (Virtual Protocol Network) que interceptaba en 2012, hoy día suponemos que han rebasado con creces esta cifra.

Representación simple del funcionamiento de un VPN.

SSH, un protocolo ampliamente usado de acceso remoto a ordenadores, también puede haber sido vulnerado por la NSA en algunos casos, pudiendo sacar usuarios y contraseñas. Los documentos filtrados no aclaran si es un ataque efectivo contra todas las versiones o si sólo funciona con las antiguas.

3.4.3. HACKING TEAM. (CRACKEO POR ENCARGO).

http://www.hackingteam.it/

El caso de Hacking Team es realmente un caso singular, una empresa que se dedica al hackeo por encargo para gobiernos de todo el mundo es hackeada en sus narices. La empresa italiana recibía órdenes de trabajo para entre otros, grabar llamadas de Skype, robar wifis, extraer monederos Bitcoin, comunicaciones VoIP, activar remotamente micrófonos o cámaras y adentrarse en correos electrónicos de cualquiera.

Paremos un momento, ¿una empresa de hacking es legal? ¿Puede alguien montar una empresa de hacking con la excusa de vender herramientas de control, vigilancia e intrusión ofensiva a Gobiernos y otras empresas? Seguimos deambulando en la fina línea entre lo legal y lo ilogal, la cual cada vez está más difusa.

Como siempre, es Wikileaks la encargada de sacar las miserias de esta empresa mostrando más de 400 Gigabytes de datos de Hacking Team y poniéndolos a la luz de todo el mundo.

Basta con indagar un poco en sus archivos para descubrir como Hacking Team prestó sus servicios, pese a negarlo en un principio, a Gobiernos cuyos regímenes son reconocidos por Naciones Unidas por vulnerar sistemáticamente los derechos humanos, por ejemplo Sudán.

UNITED NATIONS NATIONS UNIES

POSTAL ADDRESS-ADRESSE POSTALE: UNITED NATIONS, N.Y. 10017
CABLE ADDRESS-ADRESSE TELEGRAPHIQUE: UNATIONS NEWYORK

REFERENCE: S/AC.47/2015/PE/OC.18

10 March 2015

Excellency,

I have the honour to write to you a... on behalf of the Panel of Experts on the Sudan established pursuant to Security Council resolution 1591 (2005) and recently extended by resolution 2138 (2014).

The panel is grateful for your assistance in obtaining clarification of the position of Hacking Team S.r.l in terms of the use of its Remote Control Software in Sudan. Your response 213 of 16 January 2015 to our letter (S/AC.47/2014/PE/OC.239) of 23 December 2014 makes it clear that Hacking Team S.r.l currently has no business relations or any agreements that would allow the Sudan or any entity in its territory to use the software. The panel would be grateful if the company could provide further clarification as to whether there have been any previous business arrangements or agreements in terms of the use of this technology in the Sudan in the past that may now have elapsed or being terminated.

The Panel of Experts would therefore still be grateful of your good offices in assisting in obtaining the above further information from Hacking Team S.r.l.

Please allow me to underline that the Panel stands ready to comply with the conditions, if any, that your government deems relevant to apply to the use of the information requested by the Panel.

The Panel would sincerely appreciate if your office would kindly direct its response by **28 April 2015** to Ms. Sana Khan, Secretary of the Security Council Committee established pursuant to resolution 1591 (2005) concerning the Sudan: 2 UN Plaza, Fl 20, Room DC2-2034, United Nations, New York, NY 10017; Tel: 212-963-0981; Fax 212-963-1300; email: khan8@un.org.

His Excellency
Mr. Sebastiano Cardi
Permanent Representative of Italy
to the United Nations
New York

cc. Hacking Team S.r.l (Fax: +39 02 63 63 3946)

Documento de las Naciones Unidas solicitando información de Hacking Team acerca de su actividad sobre Sudán.

Asimismo, el FBI pagó hasta 800.000 dólares a estos hackers italianos en concepto de mantenimiento. ¿Pero mantenimiento sobre qué?

Por último señalar que Anonymous también tenía a Hacking Team como uno de sus objetivos prioritarios, de esta forma algunos hackers de Anonymous habían comenzado a colarse en ordenadores centrales de Hacking Team.

Noticia del ataque a Hacking Team, hackers contra hackers.

http://www.elmundo.es/tecnologia/2015/07/06/559ab9a4e2704e792c8b4587.html

3.4.4. ROBO DE BANGLADESH.

He de confesar que este apartado del libro me apasiona, fíjense, de lo que podría haber supuesto el robo de más 1.000 millones de euros al Banco Central de Bangladesh a desaparecer "solo" 73 Millones y todo por el error ortográfico de una letra en una de las órdenes de transferencia. Los hackers ordenaron transferencias de las cuentas de la FED a cuentas de casinos en Filipinas y todo hubiera salido perfectamente y sin levantar sospechas si los hackers no se equivocan al escribir "fandation" en lugar de "foundation".

El robo provocó la dimisión del presidente del banco de Bangladésh, Atiur Rahman, Pero lo rocambolesco del caso no acaba ahí. Algo menos de la mitad del dinero robado (30 millones de dólares, 27 millones de euros) fue entregada en efectivo a un hombre de etnia china en la capital filipina, Manila, según ha informado un senador de aquel país al mando de las pesquisas.

El caso despertó el interés de bancos centrales y empresas de todo el mundo, que tratan de obtener más información sobre el procedimiento utilizado para tratar de encontrar posibles fugas en sus sistemas de seguridad y reducir así sus vulnerabilidades de seguridad.

Pero, ¿Cómo lo hicieron? Simplemente hackearon una impresora clave, los temores de Rob Joyce respecto al internet de las cosas se hicieron realidad, un funcionario del banco central se encontró con que el dispositivo conectado a los sistemas de mensajería financiera Swift no funcionaba, e intentó arreglar el problema sin éxito. Al día siguiente, festivo, el funcionario trató nuevamente de solucionar el problema pero el software conectado a la terminal no respondía, al parecer emitía un mensaje que decía "un archivo falta o ha sido cambiado". Al intentar imprimir manualmente una confirmación, se topó con que el sistema de impresión tampoco reaccionaba.

De acuerdo con las pesquisas, en ese intervalo, el banco central recibió preguntas de la Fed neoyorquina relativas a transacciones, pero al no haber comunicación del Banco de Bangladesh contraria a los pagos estos se realizaron. El banco central se apercibió ese mismo día 6 de que 5 de 35 transferencias a cuentas de países asiáticos por valor de 951 millones de dólares habían sido validadas, resultando en una fuga de capital de 101 millones. El organismo trató de contactar primero con Swift y la Fed para revocar los pagos, pero entonces eran sus oficinas las que tenían festivo. Posteriormente, entre el 8 y el 9, envió órdenes de cancelación de pagos a los bancos receptores, de manera que 20 millones de dólares que habían sido transferidos a cuentas de Sri Lanka fueron recuperados, pero no así 81 millones de dólares depositados en cuentas radicadas en Filipinas.

Posteriormente se ha sabido del intento de robo de al menos dos bancos centrales más, el de Ecuador y el de Vietnam. Y mucho me temo que estos continuaran produciéndose en el futuro a medida que los hackers vayan adquiriendo el conocimiento técnico necesario en encontrar vulnerabilidades.

Por cierto, los culpables del robo aún no han sido encontrados.

3.5. SITIOS DE DESCARGAS ¿LEGALES O ILEGALES?

3.5.1. P2P (Peer to Peer).

No todo el material creado por alguien tiene derechos de autor, la mayoría de las veces la mejor forma de llegar a más gente es compartiendo gratis tus creaciones y para ello las redes P2P (peer to peer) o entre pares son la mejor para distribuirlo. ¿Es ilegal? no. Pero entonces habría que preguntarse ¿Es la red P2P en si la culpable que se comparta ese material? ¿Es culpable la persona que lo subió? o ¿La persona que se lo descargó? O ¿Nadie?

Mientras medita en ello piense en que tiene algo que se llama "Derecho a un copia privada" de cualquier material con derecho de autor y ese derecho dice exactamente: *La **copia privada** es una limitación al derecho exclusivo que la ley concede al autor y al propietario de contenidos a hacer copias de ellos, que permite a una persona realizar la copia de una obra para uso privado sin ánimo de lucro siempre que haya tenido acceso legítimo al original (aunque dependiendo de la legislación de cada país, no siempre un acceso legítimo significa obligatoriamente disponer del original).*

Además, diversas sentencias judiciales, abogados especializados, y asociaciones de consumidores a firman que descargarse archivos audiovisuales, aunque estén protegidos por copyright, es legal, amparándose en el derecho de copia privada y siempre que no haya ánimo de lucro.

Según Wikipedia:

{Las aplicaciones P2P resultan útiles para intercambiar y compartir todo tipo de obras, entre ellas destacan los siguientes ejemplos:

• *Obras que pertenecen al dominio público, como libros, películas, fotografías, etc.*

• *Facilitan el intercambio de creaciones propias, como vídeos, fotografías y animaciones que no tengan licencia.*
• *Facilitan el intercambio de programas libres publicados con licencias GPL, BSD, MPL, etc.*
• *Facilitan el intercambio de todo tipo de documentos con diversas licencias como el Copyleft y obras publicadas con licencias Creative Commons."* }

Además, la nueva moneda virtual, el Bitcoin, se basa en este mismo protocolo de red P2P para intercambiarse y funcionar por internet.

Para bordar el rizo y darle una vuelta de tuerca a todo esto de la legalidad o ilegalidad de las descargas por internet se crea en 2006 un partido que pretende ayudar, promocionar y permitir sin restricciones el acceso libre a la cultura como bien común, el Partido Pirata. http://partidopirata.es

Recorte de la web del Partido Pirata.

3.5.2. TORRENT.

Un torrent es información acerca de un archivo de descarga, aunque no contiene información acerca del contenido del archivo.

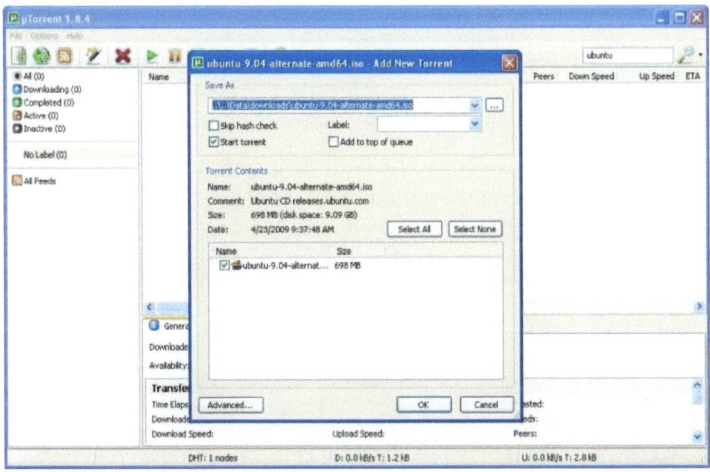

Imagen de Torrent descargando Ubuntu, el sistema operativo libre.

Gracias a una red descentralizada de ordenadores la red torrent permite ofrecer servicios cliente-servidor con la filosofía P2P. A veces se relaciona el protocolo Torrent con la **piratería**, de igual manera que el Bitcoin es relacionado con actividades delictivas. Grandes empresas usan torrent para distribuir sus programas y la mayoría de las transacciones Bitcoin no tienen relación con nada ilegal.

El blanqueo de capitales, la financiación de guerras, armas, terrorismo, se hace principalmente con moneda fiat; dólares, euros, etc.

Sin embargo, y al contrario de lo que se cree, las pérdidas por la descarga de estos archivos para la industria del cine, por ejemplo, son mínimas.

Mientras escribía este libro saltaba la noticia del arresto del creador de Kickass, Artem Vaulin, quizás el mayor portal del mundo en descarga de torrents.

Sin embargo, y como pasa en muchas ocasiones, el sitio fue cerrado y 24 horas despues volvió a la vida, debido a las copias de los datos del servidor de la web ubicadas en diferentes lugares del mundo. http://kickasstorrents.to/

La guerra digital en su máximo apogeo.

Cierran Kickass Torrents, la mayor web de descargas del mundo, y arrestan a su dueño

El Departamento de Justicia de EEUU ha detenido en Polonia al supuesto administrador de la web Kickass Torrents, Artem Vaulin. La página y sus dominios relacionados ya no están accesibles

http://www.elconfidencial.com/tecnologia/2016-07-21/cierran-kickasstorrents-la-mayor-pagina-de-descargas-del-mundo-y-arrestan-a-su-dueno_1236697/

3.5.3. MEGAUPLOAD.

El caso de Megaupload fue muy sonado en los medios de comunicación, Megaupload fue (¿O debo decir sigue siendo?) uno de los sitios de alojamiento de archivos más grande del mundo con más de 10 millones de visitas diarias. Megaupload contenía Megavideo (videos en streaming) y Megaporn.

En 2012, el FBI provocó su cierre motivado por las acusaciones de infracciones de derechos de autor con unas pérdidas supuestamente calculadas superiores a los 500 Millones de dólares.

Anuncio de cierre de la página de Megaupload por el FBI.

Tras el cierre de Megaupload, el colectivo Hacktivista Anonymous generó la caída de sitios webs como el del departamento de Justicia de los EE.UU., ni más ni menos, el de Universal Music Group e incluso el del FBI. Asimismo también fueron filtrados los supuestos datos personales y familiares del director del FBI, Robert S. Mueller.

Según Wikipedia; {"Durante los meses previos a su cierre, según parece, Megaupload planeaba lanzar un servicio de música llamado Megabox, prescindiendo de las discográficas e intermediarios. De esta manera los artistas percibirían el 90% de los ingresos y Megaupload el 10% restante. De hecho, un video promocional de la compañía colgado en Youtube en diciembre de 2011, en el que aparecían, entre otros, varios artistas ligados a las grandes discográficas, como Will.i.am, Sean "Diddy" Combs, Kim Kardashian, Alicia Keys y Snoop Dogg, pone de manifiesto que Kim Schmitz contaba con influyentes contactos dentro del sector. Universal Music, compañía líder del sector discográfico, consiguió que el video fuese retirado, alegando que la compañía poseía los derechos de varios de los artistas que en él se daban cita. Megaupload, por su parte, emitió un comunicado en el que hacía constar que ninguno de los representantes de los artistas había puesto impedimentos legales y amenazó con demandar a Universal por bloquear la difusión de su video promocional."}

No obstante, Kim Dotcom, fundador de Megaupload, ya ha anunciado el regreso de Megaupload 2.0 para el 20 Enero de 2017 a pesar de los cargos que pesan contra él de piratería y blanqueo de capitales. La fecha de regreso tampoco es casual, coincide con el quinto aniversario de la redada que lo apresó en su mansión de Auckland.

Kim Dotcom todavía tiene ganas de jugar con la cámara de fotos.

http://www.abc.es/tecnologia/abci-megaupload-20-regreso-dotcom-201607101859_noticia.html

El empresario sigue trabajando sin problemas desde Nueva Zelanda, donde reside y huye de la justicia americana porque no han conseguido que sea extraditado para ser juzgado.

Como novedad afirma que Megaupload 2.0 usará los Bitcoins para pagar las transferencias de archivos, por tanto una vez más, el Bitcoin en pleno auge y centro de otro negocio que podría explotar en breve. Esto es algo que no solo le beneficia a él sino que también haría que el valor de Bitcoin se dispare como la espuma el día en que se lance Megaupload 2.0, que podría multiplicarse y pasar de 500 dólares a nada menos que 2.000 dólares.

3.5.4. THE PIRATE BAY.
https://thepiratebay-proxylist.org/

Pirate Bay es una web clásica ya del ciberespacio desde su nacimiento en 2003, pronto se convirtió en el mayor motor de búsqueda de Torrents del mundo, o al menos lo era hasta su cierre y su resurgimiento posterior.

Acabar con The Pirate bay supondría dar un tremendo golpe a la industria de la piratería digital, sobre todo en lo que respecta al mensaje psicológico y social que se lanzaría al exterior de intolerancia a las bajadas ilegales sea donde sea y sea quien sea. Las industrias del copyright lo saben, los gobiernos lo saben y el mundo pirata de internet lo sabe. Sin embargo, ni la cárcel, ni las multas millonarias, ni la confiscación de servidores en todo el mundo han podido acabar con Pirate Bay. Es una historia de resistencia, de prevalencia más bien, de ver quien puede más en esta guerra online.

El barco pirata de la compañía que tanto asustaba a las empresas del sector multimedia.

Cuando se supo del arresto de los 3 fundadores, Fredrik Neij, Peter Sunde y Gottfrid Svartholm, y de la confiscación por parte de la policía sueca de los servidores de la web, hubo una protesta social muy importante a favor de libertad de descargas por internet, como consecuencia, las afiliaciones al Partido Pirata aumentaron considerablemente debido al "Efecto Streisand".

Las movilizaciones fueron a escala global, y prácticamente en todas las principales ciudades de los países europeos hubo personas que se sumaron a las protestas de Suecia.

Miles de personas ante la corte de Justicia Sueca pidieron la libertad para los creadores de the Pirate Bay.

Por otro lado, y para alimentar más el desconcierto, circula por la red que el sorprendente resurgimiento de "The Pirate Bay" no es más que un Honeypot* del FBI, para que vayan cayendo amantes de las descargas ilegales y tenerlos fichados en sus famosas bases de metadatos. Aunque de momento sólo es una teoría, como tantas.

*Según Wikipedia:{Un **honeypot** (tarro de miel), es una herramienta trampa de seguridad informática dispuesto en una red o sistema informático para ser el objetivo de un posible ataque informático, y así poder detectarlo y **obtener información** del mismo y del atacante.}

3.6. WIKILEAKS https://wikileaks.org/

Por último, debe conocer la historia de Wikileaks, la organización sin ánimo de lucro de Julian Assange que también se encuentra, como todo lo tratado en este libro justo al límite de la Ley.

Logo y lema de Wikileaks.

Su fin es la de dar luz a documentos de interés público que de otra forma sería muy difícil de conseguir, resguardando el anonimato y el "modus operandi" de sus fuentes.

Desde la aparición de WikiLeaks nos hemos dado cuenta de lo mundanas y simples de muchas de las decisiones que han tomado nuestros dirigentes mundiales, aquellos a los que se toman por personas inteligentes por la altura y responsabilidad de su puesto, semidioses, personas a las que designamos para que tomen determinaciones que afectaran al devenir de nuestras vidas.

Gracias a WikiLeaks muchas personas han abierto los ojos, ya saben que el destino de sus vidas esta únicamente en sus manos, confiar en la buena gestión del gobierno es ya una utopía, gracias a Wikileaks saben de las condiciones inhumanas en Guantánamo, Ataques indiscriminados en Irak, utilización de drones en ataque selectivos y sin permisos internacionales, las torturas y humillaciones de los soldados norteamericanos a sus presos, la Guerra secreta de Yemen, y también gracias a Wikileaks conocimos el ACTA, el acuerdo secreto antipiratería al que se adhirieron muchos países sin el conocimiento de sus ciudadanos.

El ACTA proponía entre otras cosas, aumentar la vigilancia fronteriza y obligar a los proveedores de descargas de datos a controlar todos los usuarios que se descargaran cualquier cosa desde internet bajo la presión de recibir multas, la desconexión permanente a internet o incluso la prisión. Y todo bajo el desconocimiento absoluto de la ciudadanía. Afortunadamente en 2012 la Unión Europea (principal firmante), y tras destapar Wikileaks todo este turbio asunto, dictaminó que dicho acuerdo era ilegal.

Gracias a Wikileaks recientemente descubrimos las peticiones de información de miembros de las Naciones Unidas que Hillary Clinton solicitó desde su email. Peticiones de información que incluían números de tarjetas, emails, teléfonos, datos financieros e incluso informaciones de ADN. ¿Para qué querrá saber Hillary Clinton el ADN de los políticos de otros países? Por la misma razón que Facebook quiere saber "qué estás pensando" La información lo es todo y se comercia con ella.

Recorte de la web de Facebook.

Y por último el CABLEGATE, la mayor filtración de documentos secretos entre EE:UU y sus embajadas, cuyo contenido aún no se ha hecho público debido a su encriptación. WikiLeaks advierte que en cualquier momento puede hacerlo visible publicando la contraseña que lo descifra, .. la guerra continua. Según Wikipedia:

{"**Archivo insurance.aes256,** El 29 de julio WikiLeaks añadió en su página de descargas sobre los Diarios de la Guerra de Afganistán un enigmático archivo (insurance.aes256) denominado insurance file ("archivo de seguro" en inglés). El archivo es particularmente grande (1,39), y está cifrado con AES por lo que se precisa de una clave, de 256 bits, para descifrarlo. Ni Wikileaks ni Julian Assange han dado aclaraciones sobre su contenido o su intención. Se especula con que se trataría de una filtración cuya contraseña se haría pública en caso de que WikiLeaks sufriera algún ataque grave que hiciese que la organización quedara incapacitada. Sería un plan de contingencia conceptualmente similar al sistema de seguridad del "pedal de hombre muerto" que se usa en las locomotoras. A pesar de los ataques a la página de WikiLeaks el archivo sigue estando disponible al público en sitios de descarga de torrents como The Pirate Bay u otros. Assange ha dicho públicamente: -Desde hace mucho tiempo hemos estado distribuyendo copias de seguridad cifradas de material que todavía no hemos publicado. Todo lo que tenemos que hacer es liberar la clave para que el material quede automáticamente disponible."}

4. PLAN DE ACCION PARA VENCER EN ESTA GUERRA.

En la película "el lobo de Wall Street" (película basada en hechos reales) Mark Hanna (Mathew McConaughey) le explica el auténtico secreto de las agencias de Trading a Jordan Belfort, "-Se trata de poner el dinero del cliente de su bolsillo a tu bolsillo, y ya está, eso es todo".

Fotograma de la película "El lobo de Wall Street".

Nosotros elaboraremos un plan un poco más exhaustivo. Para cumplir nuestro objetivo pondremos en marcha todo lo que hemos visto hasta ahora junto con otros detalles que les iré remarcando, nuestro plan: Montar una empresa de Marketing Multinivel residente en algún paraíso fiscal cuyo eje principal sea el Bitcoin, que a su vez tenga relación con el juego online, todo legal claro, y por supuesto si algo sale mal nada pueda involucrarnos ni ser rastreados en todo lo posible.

Lo basaremos en 4 grandes campos:

4.1 DISCRECCION (ANONIMATO EXTREMO).
4.2 DESAPARICION.
4.3 ACCIONES Y DECISIONES.
4.4 EL BIG BANG.

4.1 DISCRECCION (ANONIMATO EXTREMO).

Como hemos visto hasta ahora muy pocas cosas en internet escapan al control de organizaciones como el FBI y la NSA, sin embargo, si podemos complicarles mucho las cosas, tenga siempre en cuenta que cualquier cosa que tenga una conexión a internet será sin duda rastreable.

Empecemos por una herramienta esencial hoy día, el móvil. Hay miles de aplicaciones que aseguran que su función principal es la de proteger su identidad, debe saber que una gran parte son un fraude completo. Puede utilizar Redphone o Silentcircle, pero nunca va a tener una seguridad completa a pesar de que son dos buenas aplicaciones para vigilar su terminal a ojos de terceros.

Recientemente el diario "The Inquirer" publicó un artículo sobre el software espía que llevan instalado de serie todos los terminales de última generación de cualquier marca y sistema operativo. El programa llamado *Carrier IQ* permite espiar toda su actividad en internet, email, SMS, y además activar de forma remota las dos cámaras y el micrófono.

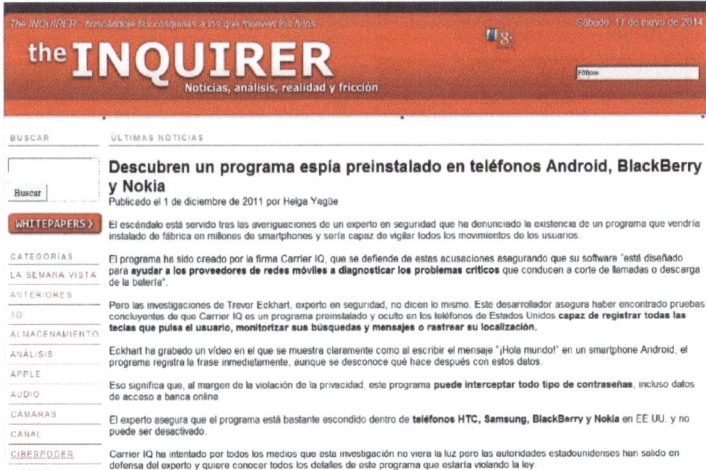

Artículo que dió la voz de alarma a los usuarios de Smartphones.

Sería conveniente instalar en su móvil y portátil una aplicación conocida como botón del pánico, se llama Corporate Vault, de la compañía Occentus Network, que consiste en un cloud privado para guardar sus datos, ya que cuenta con un mecanismo de autodestrucción predefinido. Es decir, apretando ese botón, podría destruir remotamente todos los datos contenidos en ese cloud de forma irreversible.

https://www.occentus.net/hosting/especializado/corporate-vault/

Aunque nosotros no utilizaremos en nuestro plan nuestro Smartphone doméstico, sino uno nuevo aparentemente irrastreable, luego le explicaré como.

Aplicación que incluye el famoso "Botón del pánico" que utilizó Olleguer Pujol, el hijo de Jordi Pujol, Expresidente de la Generalitat de Catalunya, el cual reconoció haber defraudado al fisco 4 Millones de Euros y haber recibido donaciones a su partido de forma ilegal.

Por tanto recomiendo comprar un móvil, o celular, que incorpore un cifrado nativo raíz militar, y además las comunicaciones que realice sean vía satélite, son más caros y con muchas menos funciones que el resto, pero no lo queremos para hacernos selfies ¿verdad?. Tenga en cuenta que nada es infalible, y para pinchar nuestro terminal las agencias gubernamentales de seguridad tendrán que poner muchos recursos y hombres para localizarnos. Como digo nunca se está del todo seguro, pero sí podemos complicar muchísimo las cosas, la idea es que el esfuerzo para estas agencias de la vigilancia sea mucho mayor que la recompensa de pescarnos. De todas formas no utilice el móvil cifrado a no ser que sea estrictamente necesario. Al fin y al cabo la idea es convertirnos en millonarios en un corto espacio de tiempo (digamos 3 o 4 años) y luego volver a estar online, tras lograrlo no olvide deshacerse de él.

A continuación le recomiendo que compre un router con VPN incorporado y lo instale además del suyo.

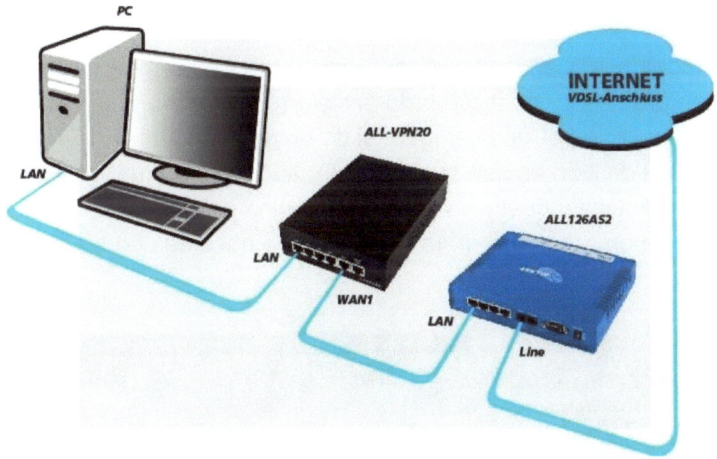

Esquema de instalación sencilla de un router VPN.

Ahora trabajemos en otra herramienta importante, su portátil y algunas medidas a tomar:

• El primer consejo es que recuerde todas las contraseñas que utilice, sino podría pasarle el síndrome "Fuera de mi castillo", que se trata de hacerse tan inaccesible que ni Vd. puede llegar a entrar en su ordenador o móvil quedando fuera de su propia seguridad.

• Lo segundo es que localice un proveedor de servicios de internet poco común pero fiables, como por ejemplo Quantis global que dispone de llamadas por satélite, o cualquier otro. https://www.quantis.es/spa

• Cifre su disco duro, hay muchas empresas que lo hacen como Secomdata, incluso hay fabricantes como Lenovo que incorporan un cifrado con su huella digital para el portátil completo.

• Instale un sistema operativo basado en Linux, existen menos virus y troyanos fabricados bajo sistema Linux, por el escaso número de usuarios.

• Cuando tenga todo esto, instale un Virtual Box (máquina virtual) como el de Oracle, y comience a trabajar siempre desde ahí instalando el sistema operativo que desee, que no tiene por qué ser igual al de la maquina nativa. La gran ventaja de esto es que si resulta atacado por un virus lo hará a una máquina virtual y nunca a su máquina pc/portátil real. Esto supone un gran muro para el que desee hacerse con su disco duro.

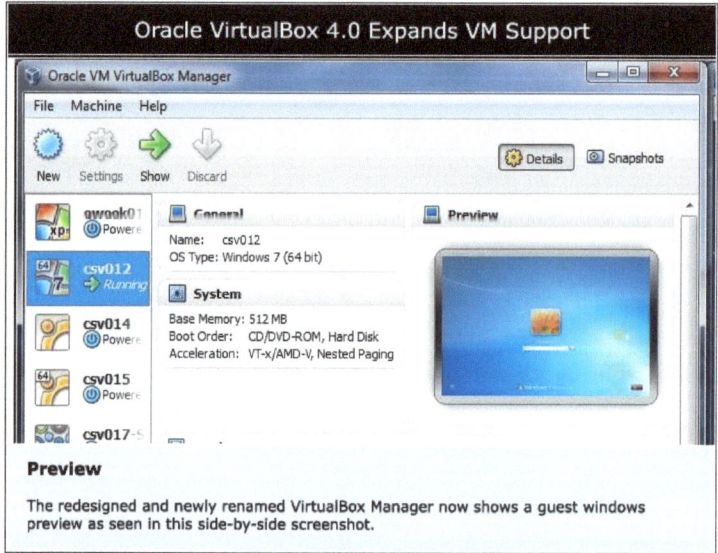

Interfaz de la Máquina Virtual de Oracle.

https://www.virtualbox.org/

• Aun así trate su Virtual Box como si de la máquina real se tratara y protéjala con un antivirus fiable, un anti espías, y un antirroot.

• Instale asimismo un VPN (proxy anónimo) y después instale el TOR Browser Bundle que le permita una conexión casi segura a la Deep web, digo casi segura porque ya hemos visto que la NSA ha descubierto la forma de descifrar TOR.

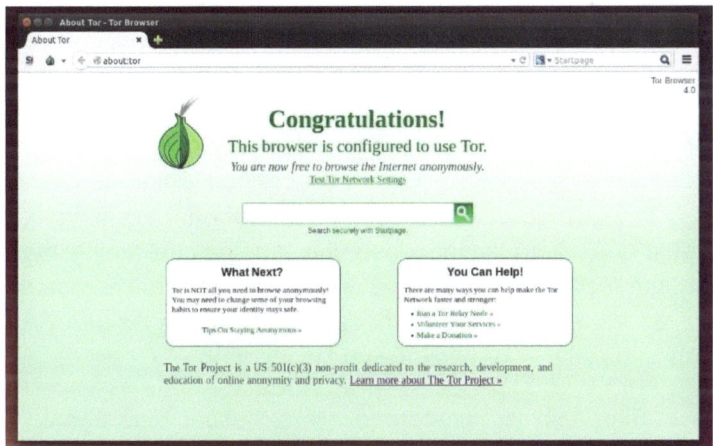

Página de instalación correcta del conjunto de programas de TOR.

• Mantenga la cabeza fría y desconfíe de todo y de todos. Nunca se conoce del todo a un ser humano, así que cualquiera podría tratar de engañarle. Por ejemplo, a Ross Ulbricht lo pillaron gracias a que el FBI infiltró a un agente como vendedor de confianza de Silk Road. Y otro ejemplo mas, a Artem Vaulim (CEO de KickAss) lo pillaron tras dar su número de cuenta corriente a un agente encubierto que se hizo pasar como cliente, etc.. No se fie de nadie si monta un negocio así.

• Aun así, nunca se toman todas las medidas de precaución necesarias para evitar una localización rápida por parte de cualquier agencia o empresa subcontratada para tal fin. No obstante si conoce cualquier otra medida que no se haya relacionada aquí (que las hay y muchas) tómela sin dudarlo.

4.2 Desaparición online.

Desaparecer de internet es una decisión muy personal, si no desea borrarse del universo digital con todo lo que ello implica, no tener vida en las redes sociales, ni email, ni blog, ni nada que tenga que ver con una actividad digital, entonces pase al siguiente punto del plan, 4.3. Acción, pero tenga en cuenta que estará dejando toda una serie de huellas que hará que sea fácilmente localizable. Mi opinión personal es que de vez en cuando viene bien hacer un RESET y empezar de nuevo, máxime si se persigue un fin superior.

Bien, una vez preparado nuestro espacio de trabajo y hemos tomado esa gran decisión, estamos listos para ser invisibles del todo y para ello tomaremos estas medidas;

- Las redes sociales son el primer sitio donde trataran de localizarle las autoridades, elimínelas inmediatamente todas y recuerde; no es lo mismo darse de baja que eliminar la cuenta.
- Desaparecer de los buscadores es muy complicado, sobre todo de Google, el "derecho al olvido" lo puedes solicitar a muchas webs que se dedican a ello como eliminalia https://www.eliminalia.com/en/, PeekYou y Borrame.

Recorte de la web de Borrame.es

http://www.borrame.es/

• Deshazte de tu blog, elimínalo por completo, así como de esas newletters que recibes en tu email de publicaciones de otros blogs o webs.

• Seguramente ya ni recuerde en cuantas páginas se ha dado de alta dejando tooodos sus datos, haga una lista de las que recuerde y solicite la baja de sus datos. Amazon, Ebay, Aliexpress, Paypal, Idealista, Nespresso, Carrefour, El corte inglés, Páginas de contactos, etc....

• Reemplace el disco duro por uno nuevo, formatear no vale para nada.

• Por ultimo elimine su correo personal, el mismo que utilizó para darse de alta en todos los sitios. Utilice un correo temporal con datos que no le identifiquen si le piden confirmación de cancelación o algo parecido.

4.3 Acciones y decisiones.

Ahora nos dedicaremos a lo principal, nuestro negocio. Ese que nos dará la libertad financiera que ansiamos aunque estemos bordeando continuamente los límites de lo legal, y lo haremos lo mejor posible, procurando errar en lo mínimo.

No obstante tenga en cuenta que los primero negocios tienen un altísimo porcentaje que salgan mal, así que no desespere si falla en los primeros intentos en crear su empresa multinivel, recuerde que solo le basta un éxito para triunfar, y nosotros ya sabemos más que la media de emprendedores que comienzan un negocio:

1. Sabemos lo principal, que será online, basado en el Bitcoin y con sede en algún paraíso fiscal, por ejemplo, Costa Rica, Panamá, o Gibraltar por la facilidad del idioma común. La forma de la sociedad es Sociedad Anónima.

2. Ahora trataremos de hacer un buen Proyecto de Viabilidad real y creíble, es para nosotros. Otra cuestión será el proyecto de Viabilidad que presentemos a nuestros afiliados y socios.

3. Una vez hecho esto idearemos dos nombres, el nombre comercial y el nombre fiscal de la empresa, no deberán parecerse en nada.

4. Sería muy conveniente la contratación de un Testaferro, o varios según convenga, que nos haga de hombre de paja a nuestro servicio, idee esto con sumo cuidado, pues en el mismo momento que lo contrate debe tener un firmado su despido "sinedie", es decir, sin fecha, para que podamos despedirle en cuanto decidamos cerrar nuestra trama empresarial.

5. Idearemos una "planificación fiscal" de tal forma que diversas empresas nos sirvan de puntos cardinales en nuestra red de paraísos fiscales, para diferentes funciones, la transmisión de derechos de copyright, la facturación de determinados servicios, etc.. las facturas al extranjero no llevan impuestos, excepto las importaciones, pero ese no será nuestro caso.

Si no sabe cómo hacerlo no dude en ponerse en contacto con profesionales de las webs de paraísos fiscales, hay muchas, le sorprenderán en todos los temas que le ayudarán.

6. La apertura de cuentas bancarias Offshore debe ser a nombre de esa persona que usted haya confiado sus empresas temporalmente, sin que intervenga claro. Y nunca ponga todos los huevos en el mismo cesto, abra varias cuentas en varios países. Usted solo constará como interviniente, nunca como titular.

7. Sería buena idea que contratara un código postal para la recepción de las documentaciones comerciales que se puedan originar.

8. A continuación idearemos una potente campaña SEM de Marketing Online, en este caso sí debería gastarse el dinero contratando una empresa, o varias, que le den una presencia potente, y constante en la web, pelear por un posicionamiento SEO de nuestra web sería absurdo, puesto que eso lleva tiempo y el tiempo será a partir de este momento nuestro mayor enemigo.

9. Debemos mantener un control permanente de los fondos que entren y salgan en la empresa, para ello existen en el mercado diversos CRM (Customer Relationship Managment) especialistas en empresas multinivel.

10. Asimismo debe vigilar muy de cerca la imagen de la empresa en internet, pues eso podría arruinar su negocio, En internet las malas opiniones corren como la pólvora, así que monitoree las redes sociales, hay multitud de herramientas para tal fin, y adelántese a las malas opiniones haciendo autocrítica pero haciendo énfasis en la transparencia y honradez del negocio. Un buen grupo de Community Managers contratados 24 horas al día por todo el mundo podría ser de gran ayuda. ¿Le parece exagerado? Ni se imagina lo barato que es.

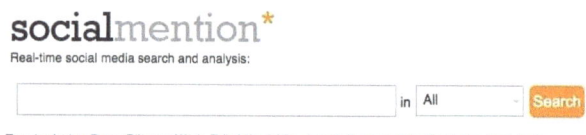

Una de las muchas herramientas de Marketing para medir lo que se dice de nosotros en las redes sociales.

http://www.socialmention.com/

11. Contrate un "call center" temporal con trabajadores entrenados para captar nuevos clientes y retener a los que entren. Las empresas ganan en presencia online y offline, seguridad y buena imagen si el visitante encuentra un teléfono donde marcar e informarse directamente, les da confianza, y esa es la clave, generar confianza.

12. Un matiz importante, traduzca su web a diferentes idiomas y contrate dominios en los países más importantes, China, EE.UU., Rusia, Gran Bretaña, Alemania, Francia, Portugal, India, …etc.. de esa forma su web (su negocio) se expandirá como nunca antes soñó.

13. Los videos explicativos del negocio generan confianza y credibilidad, créelos, y muchos. Utilice Youtube, Vimeo, Daily Motion, …pero sobretodo céntrese en YouTube.

14. De hecho inserte en su web comercial estos videos y cualquier otro elemento con el objeto que el cliente quede atrapado por su propia codicia, además, inserte sellos de garantía, aunque no se lo crea tienen un éxito demostrado en la subconsciencia del visitante.

Sellos de confianza, seguridad, garantía, etc..

15. Inserte testimonios de éxito, de personas que ya sean millonarias gracias a nuestra empresa, casi todos los que existen en internet son falsos así que unos pocos más no importan. *Conozca a nuestro equipo, quienes somos, Seguridad de su inversión, garantía de éxito,….etc…* cualquier cosa que genere tranquilidad, confianza y haga que ese visitante se convierta en un defensor acérrimo más de nuestra empresa.

16. Cree seminarios y jornadas explicativas en salones de conferencias, y lleve a buenos "speakers", esto generará valor y unión en su equipo, necesita gente convencida de su proyecto.

17. Y una última cuestión, pague a sus patrocinadores o comisionistas, sobre todo al principio, pues nada genera más confianza y nuevos afiliados que el cumplimiento de lo pactado, tiempo habrá de desmontar el castillo de naipes y quedarse con todo el tarro de miel cuando éste haya crecido lo que consideremos suficiente.

Todas estas personas iban a ser millonarios con Paymony.

Al principio se daban algunos pagos en Telexfree y había que publicitarlos claro.

Los patrocinadores de Unetenet reciben dinero, o al menos un talón gigante.

¿Cree que estamos yendo demasiado lejos? Internet está lleno de sitios así, de personas cuya única finalidad es la de engañar o estafar a sus socios y clientes. Pero al fin y al cabo **internet no es más que un reflejo de la sociedad,** en la realidad, las empresas del mundo físico estafan igualmente, tomen por ejemplo el caso de Gowex, la empresa de Wifi gratis, uno de los mayores fraudes conocidos recientemente en España.

4.4 El big bang.

Bien, llegó el momento de echar el telón, ha llegado hasta aquí y no le han pillado, es un triunfo muy importante, no todos llegan. Enhorabuena, ya está usted forradísimo hasta las cejas, han sido unos años de arduo esfuerzo, conferencias, entrevistas personales, publicidad extrema, centenares de afiliados que le han seguido y han apoyado su empresa con uñas y dientes gracias a la dependencia de su Bonus mensual, etc... así que ahora recojamos los frutos.

Depende de usted que el aterrizaje sea suave o brusco, si decide hacerlo bruscamente saltaran muchas alarmas, y sus franquiciados o socios, o afiliados (como quiera llamarlo) se replantarán muchas cosas, y no queremos más líos de los necesarios, los mismos que ahora le aman se convertirán en sus más fervientes enemigos así que le recomiendo un corte suave de la actividad empresarial.

En primer lugar nos aseguraremos que la empresa pasa a nuestro poder a través de otras sociedades. Y a continuación despida a sus testaferros con el documento al que antes hice referencia al hablar de su figura.

Casi al mismo tiempo es hora de unificar cuentas bancarias quedándose con unas pocas, en bancos de su confianza sin salir del ecosistema paraíso fiscal evidentemente. Estará cerrando en negocio en plena fase de maduración así que debe provocar un cisma interno que lo corte de raíz, échele imaginación, seguro que se le ocurre algo.

Cierre el "call center" así como las sedes físicas, (si las tuvo) y mande un mail masivo atribuyendo el cierre de la empresa ha sido provocado por el clima de crisis mundial que hacen inviable la marcha de la empresa. Y no de más explicaciones, los miles de socios o patrocinadores le exigirán la devolución de sus inversiones, pero usted ya no estará, de hecho no sabrán ni su nombre verdadero así que no tiene que preocuparse por nada. Las inversiones son así, unas veces se gana y otras se pierde, mientras ganaron dinero nadie se quejó ¿verdad?

Un último consejo, no toque el dinero hasta dentro de un par de años al menos, haga su vida normal, trasládese a otro país y actúe como si nada hubiera pasado, es pura precaución, si consiguen dar con usted no deben notar que su nivel de vida ha pasado de clase media a clase alta o muy alta.

****

Y nada más, espero que les haya gustado, o al menos les haya removido el pensamiento, y por tanto ya haya valido la pena dedicarme unos minutos.

Disfruten de la vida.

Un abrazo

www.ingramcontent.com/pod-product-compliance
Lightning Source LLC
Chambersburg PA
CBHW041141050326
40689CB00001B/442